辽宁省教育厅人文社科项目资助（项目号：rwsk201910-1）
渤海大学研究生教育教学改革项目资助（项目号：yjsjg1823）

U0912516

卢梭美育思想对当代中国学校美育的借鉴性研究

韩红萍 ◎ 著

首都经济贸易大学出版社
Capital University of Economics and Business Press
·北京·

图书在版编目（CIP）数据

卢梭美育思想对当代中国学校美育的借鉴性研究/韩红萍著 .
--北京：首都经济贸易大学出版社，2022. 11

ISBN 978-7-5638-3408-2

Ⅰ. ①卢… Ⅱ. ①韩… Ⅲ. ①卢梭（Rousseau, Jean Jacques 1712-1778）—美育—思想评论②学校教育—美育—研究—中国—现代 Ⅳ. ①B565. 26②G40-014

中国版本图书馆 CIP 数据核字（2022）第 166719 号

卢梭美育思想对当代中国学校美育的借鉴性研究

韩红萍 著

LUSUO MEIYU SIXIANG DUI DANGDAI ZHONGGUO XUEXIAO MEIYU DE JIEJIANXING YANJIU

责任编辑 陈雪莲

封面设计 砚祥志远 · 激光照排 TEL：010-65976003

出版发行 首都经济贸易大学出版社

地　　址 北京市朝阳区红庙（邮编 100026）

电　　话（010）65976483 65065761 65071505（传真）

网　　址 http://www. sjmcb. com

E - mail publish@ cueb. edu. cn

经　　销 全国新华书店

照　　排 北京砚祥志远激光照排技术有限公司

印　　刷 北京建宏印刷有限公司

成品尺寸 170 毫米×240 毫米 1/16

字　　数 128 千字

印　　张 9. 25

版　　次 2022 年 11 月第 1 版 2022 年 11 月第 1 次印刷

书　　号 ISBN 978-7-5638-3408-2

定　　价 39. 00 元

前　言

本书旨在探讨卢梭的美育思想及其对我国学校美育的借鉴意义。众所周知，卢梭的教育思想具有划时代的意义，但其中所蕴含的美育思想有待进一步的深入探索。本书抛砖引玉，从卢梭美育思想形成的渊源、卢梭美育的内涵和目标，以及实施的途径等方面对其进行了整理和研究。他山之石可以攻玉，尤其是我国新时期美育无论在经验的积累还是在理论的建设上都处在探索期，希望本书的研究结论能为中国的美育思想的建设添砖加瓦。

本书包括五章。第一章考察卢梭美育思想形成的渊源，主要阐释卢梭的个人经历和18世纪的启蒙运动对其美育思想形成的重要影响。卢梭的个人经历是其美育思想形成的土壤，而时代则是卢梭美育思想形成的气候。第二章考察卢梭美育思想的两个核心理念——“自由”和“自然”。卢梭继承西方近代对“自由”的思考，从而中断了“自由”从属于“理性”的古典传统。“自然”是卢梭考察文明社会的逻辑起点，是他在参照野蛮人和动物习性、剥掉人的社会性的基础上抽象出来的一个概念。在卢梭的作品中，“自然”和“自然状态”常常同义互释。“自由”和“自然”是建构卢梭思想的基石，同样也是卢梭美育思想的基础。第三章考察卢梭的美育目标，即“真善美”的和谐统一。“真”指自由自主、率性而为的自然之真。而这种“真”在文明社会处处受排挤，人们常常用虚饰的面具护住内在的真，但久而久之，逐渐失掉了自己的真面。“善”指人原初的两种情感——“自爱”和“怜悯”。文明社会逐渐把这两种自然的声音压抑到最幽暗的角落。卢梭认为“美”的典型存在于大自然之中，而人为的臆造美背离了自然美，是社会风尚扭曲的体现，臆造美非美。美育的目标就是恢复被文明社会遮蔽、扭曲了的“真善美”的本来面目，并把它们融合在“人”的美育过程中，希望培养出的人具有独立的人格和德性，同时又有美的神采。第四章从感觉的训练、情感的培养和意志力的锻炼三个方面来阐释卢梭美育思想的内容，主要阐述卢梭美育思想渗透于对人的感官、情感以及意志进行的训练中。第五章一方面对本书述及的卢梭美育思想作了简单的回顾和总结，另一方面参照卢梭美育思想分析当前中国教育中存在的一些问题，提出自己的建议。

在本书的写作过程中，笔者得到了导师邹华的教导，王旭晓、杜道明、吴思敬、陶东风、王德胜、邱运华和陶礼天等老师的指导，以及师弟、师妹们的帮助，在此表示感谢。

目录

CONTENTS

第一章　卢梭美育思想的渊源

在这个世界上，每个人都是独一无二的，其独特的生活经历、独特的生命体验影响其看待世界的观念和视角。卢梭富有传奇性的个人经历与时代的色彩交相辉映，形成其美育思想的重要基础。

第一节　卢梭的个人经历

正如卡西勒所言："卢梭和他的著作紧紧纠结在一起，谁要是想将两者分开，就肯定会切断其共通的血脉，而对双方造成伤害。"① 理解卢梭的人生经历是开启其美育思想的一把钥匙。

一、自由的童年生长环境

卢梭的思想"因他的处女作《论文》的空前胜利而高涨，把他投入'一个英雄主义和美德的发酵过程中'，他的'种子是在他的童年期由他的父亲，他的祖国和普鲁塔克播下的'"②。童年的经历对卢梭一生都产生了重要的影响。

卢梭是世袭的日内瓦公民。他于 1712 年 6 月 28 日出生于日内瓦，祖

---

① 恩斯特·卡西勒，彼得·盖伊．卢梭问题［M］．王春华，译．南京：译林出版社，2009：35.

② 罗曼·罗兰．卢梭的生平和著作［M］．王子野，译．北京：生活·读书·新知三联书店，1993：13.

籍为法国的蒙莱里。早在1549年他的祖先就逃难到日内瓦，并定居下来，后来发迹而成为小康之家，并获得了公民身份。公民在当时的日内瓦不仅仅是一种身份，还享有最高等级的特权，享有最大限度的自由。雷蒙·特鲁松曾在《卢梭传》中介绍了当时日内瓦居民的构成：

> 当时的日内瓦与各大君主国家都没有联系；它自己成立了一个共和国，一个民主国家，公民们每年集会一次，选举他们的官员。不过，实际情况并不是那么简单，日内瓦的居民分成了好几等人。只有出生在日内瓦城而且其父亲已经是公民，即有财产的人，才够资格成为公民。这一等人享有公民权和其他政治权利，有权从事各种各样的职业和当选为主要的官员。在公民之后是有产者，这一等人是靠他们的财力取得这种资格的。他们虽不能谋得一官半职，但在大议会中有投票权，可以经营或创办企业。这两等人在日内瓦不占多数：在卢梭年轻的时候，在大约一万八千日内瓦人中，他们只有一千五百人；他们中的青年人和妇女是没有投票权的。[①]

卢梭对自己的日内瓦公民这一身份一直很自豪："他毕生引以为荣的是，在封建专制统治的法国，他是唯一保留'日内瓦公民'称号的人。"[②]可见他对自己日内瓦公民身份的认同，尤其是这一身份所诠释的自由对他日后的人生和思想都产生了不可估量的影响。

卢梭有个温馨的童年。虽然他一出生母亲就去世了，但他的父亲非常爱他，他的姑姑也对他关怀备至。虽然母爱缺失，但他却是在爱的呵护中逐渐成长的。卢梭曾在晚年撰写的《忏悔录》中回顾这段美好时光，他自豪地说："即便是国王的儿子，也不会像我小时候那样受到无微不至的关怀和周

---

① 雷蒙·特鲁松．卢梭传［M］．李平沤，何三雅，译．北京：商务印书馆，1998：3-4.

② 李凤鸣，姚介厚．十八世纪法国启蒙运动［M］．北京：北京出版社，1982：159.

围人们的钟爱；非常罕见的是，我是一个一向只被人特别疼爱而从来不曾被人溺爱的孩子。”① 卢梭敏感多情个性的形成，与母爱缺失又充满着关爱的家庭氛围密切相关。另一方面，父亲也用自己的行为方式影响着卢梭。有一件深印在卢梭童年记忆中的事件是，他的父亲与一个名叫高济埃的法国陆军上尉发生了纠纷，为了自由和尊严，他的父亲宁愿流落他乡②。这种独立不依的影子深刻在他的生命中。卢梭一生坚持做一个独立的人，做一个自由的人。

普鲁塔克的书曾陪伴了卢梭的童年，对他产生了深远的影响。罗曼·罗兰指出：“让-雅克的最好的先生，他的导师是普鲁塔克，他一直伴随他从摇篮到坟墓。”③ 卢梭和父亲都酷爱阅读。卢梭六七岁的时候喜欢上了阅读，“我们就兴致勃勃地两个人轮流读，没完没了，往往通宵达旦。一本书到手，不一气读完是决不罢休的。有时父亲听到早晨燕子叫了，才很难为情地说：‘我们去睡吧；我简直比你孩子气呢。’”④ 普鲁塔克正是卢梭在这段时期的自由阅读中所遇到并深受其影响的作者。卢梭提道，“我六岁那年发现了普鲁塔克的书，到八岁时，我就能把它背下来了”⑤。卢梭对普鲁塔克深深的热爱，体现在他把普鲁塔克邀进了他成长的生命中，熔铸进他的思想观念中，普鲁塔克成为他一生的精神向导。“由于这些书所引起的我和父亲之间的谈话，我的爱自由爱共和的思想便形成了；倔强高傲以及不肯受束缚和奴役的性格也形成了；在我一生中，每逢这种性格处在不能发挥的情况下，便使我感到苦恼。我不断想着罗马与雅典，可以说我是同罗马和希腊的伟人生活在一起了。”⑥

---

① 卢梭．忏悔录［M］．黎星，译．北京：人民文学出版社，1980：11.

② 卢梭．忏悔录［M］．黎星，译．北京：人民文学出版社，1980：11.

③ 罗曼·罗兰．卢梭的生平和著作［M］．王子野，译．北京：生活·读书·新知三联书店，1993：6.

④ 卢梭．忏悔录［M］．黎星，译．北京：人民文学出版社，1980：4.

⑤ 雷蒙·特鲁松．卢梭传［M］．李平沤，何三雅，译．北京：商务印书馆，1998：12.

⑥ 罗曼·罗兰．卢梭的生平和著作［M］．王子野，译．北京：生活·读书·新知三联书店，1993：7.

卢梭从未接受过正规的学校教育，在父亲被迫离开日内瓦之后，他被送到舅舅那里，后来在包赛乡村牧师家待了两年，那是他一生中连续受教育最长的时间。在那里卢梭学到的书本知识并不多，但是他渐渐喜欢上了乡村。相对于城市来讲，乡村更接近自然。卢梭后来对这段教育经历的记忆更多地停留在对乡村的自然景观的怀念上："乡村对我来说真是太新奇了，我不知厌倦地享受着它。我对它产生了一种非常浓厚的兴趣，这种兴趣一直没有减退过。"① 童年对乡村的记忆影响了卢梭的一生，影响了他的宗教观，卢梭是自然神论者；影响了他的审美观，卢梭认为自然美是一切美的典型。卢梭对自然充满了偏爱，他坦言道："我选择摹仿的对象时，我始终要以它为模特儿；在我的爱好中，我首先要偏爱它；在审美的时候，我一定要征求它的意见。"② 对自然的热爱融入了他的血脉，贯穿了他的一生。自然在他后来的思想中被提升为一个哲学的理念，成为他思想的逻辑起点，成为他批判现代文明的参照对象；自然也成为他的审美准则，他认为一切美都应该以自然为参照对象；自然也成为他日常生活的原则，他生活简朴、简单，遵从自然的节令和节律，从自然中得到生活情趣的享受。乡村景色是卢梭自然概念的原型。

童年的这些经历对卢梭思想的发展有着不可低估的作用，它们就像一道温暖而明亮的阳光铺在他生命的底色中，不但潜在地影响着他的人生选择，也影响着他思想的形成和发展。

二、为了自由流浪一生

传说有一种鸟儿，从它离开巢穴的那一刻起，便在寻找着一棵属于自己的荆棘树，直到如愿以偿，才停止飞翔。然后把自己的胸膛对准一根最长、最尖的荆棘，直至胸腔被穿透，和着血和泪放声歌唱——那歌声使人

① 卢梭．忏悔录［M］．黎星，译．北京：人民文学出版社，1980：12.

② 卢梭．爱弥儿（下）［M］．李平沤，译．北京：商务印书馆，2007：509.

间所有的声音都黯然失色，直到声断气绝，以身殉歌。于是人们就给这种鸟起名为荆棘鸟。卢梭像极了荆棘鸟。

卢梭的漂泊人生始于少年。由于家境所迫，他在十二三岁时就被送去当学徒。过早地直面冷峻的现实人生，他敏感稚嫩的心灵所感受到的强烈而尖锐的痛苦远远超过成人。“由于师傅的暴虐专横，终于使我对本来喜爱的工作感到苦不堪言，……。”① 出现在卢梭少年时期的这个“暴虐专横的师傅”就像是他生命中的一个警示，在卢梭此后的人生中披着各种各样的外衣不断出现，卢梭的人生也因之历尽磨难。在屈从与对峙之间，卢梭选择逃离。逃离既是对现实的一种反抗，也是对自己内心的一种坚守。

“卢梭从事过很多微贱的工作，他先后做过镂刻匠、家仆、收税人、官吏、家庭教师、乐谱缮写人、外交秘书、乐师和作曲家，直到最后才找到了他真正的天职：思想家和作家。”② 他的思想发出时代的最强音，且穿越时空，唱响到世界各地的今天，启发了一代又一代的人。

正是从事各种低层微贱的工作，使他切身感受到社会不平等所造成的痛苦，以及人奴役人的罪恶。社会的压迫和不公在他这里不是冷静的观察和分析的结果，而是与他血肉相连，是生命的切身体验；社会的动荡不是与他毫不相干的室外喧嚣，而是他身处的漩涡，经受着挤压和骚乱、体验着种种痛苦和彷徨，就像海神格劳巨斯的雕像经受海浪的冲击一样。

而华伦夫人则是命运对卢梭的一种眷顾。直到晚年卢梭仍然对华伦夫人深深感念，觉得和她在一起的日子是他一生中唯一一段短暂却可以称得上是真正生活过的时期。卢梭在他去世之前未完稿——《漫步遐想录》的“漫步之十”中曾提道：“在这短短的几年中，我得到一个无比温柔体贴的女人的爱，做我愿做的事，做我愿做的那样一个人，同时充分利用我的余

---

① 卢梭．忏悔录（第一部）［M］．黎星，译．北京：人民文学出版社，1980：36.

② 恩斯特·卡西尔．卢梭·康德·歌德［M］．刘东，译．北京：生活·读书·新知三联书店，2002：3-4.

暇，在她的教导和榜样的帮助下，终于使我这淳朴得如同一张白纸的心灵最好地体现它的本质，而且从此就永远保持下去。”① 华伦夫人就像一道阳光出现在卢梭暗淡冰冷的生活中。一方面，华伦夫人给处于极度困窘境地的少年卢梭极大的帮助和关爱，她为流浪途中的卢梭营造了一个自由温馨的家园；另一方面，华伦夫人在卢梭思想的形成中起到了极为重要的作用。在这里，卢梭童年时期就已出现的对自由和自然的热爱，逐渐升华为明晰的思想和自觉的诉求，而且成为他一生为之坚守的东西。

三、从崇尚感性到自律自由

一方面，个人的经历使卢梭对社会流行的偏见和罪孽采取断然决裂的态度。卢梭自称是被社会抛弃的人，而实际上在他被这个社会放逐之前，他自己早就把这个社会鄙弃掉了。另一方面，个人的经历凝聚为一种力量，这种力量激励卢梭以一股近乎执拗的热情求索真理的所在。卢梭就像一个朝圣者坚定地走向自己心中的麦加，那种上下求索的精神与屈原不期然而暗合。在对待现实的态度方面，同是启蒙运动阵营中的思想家伏尔泰与卢梭可有一比。伏尔泰当时是启蒙运动的领袖，卢梭是启蒙运动的干将，他们在奋斗的总目标上基本一致。但在对待现实的态度方面，伏尔泰不像卢梭那样与社会断然决裂，而是熟练地与被他鄙视的社会周旋，既享尽生前的荣华富贵，也赢得生前身后名望。伏尔泰在其哲理故事《如此世界，巴蒲克所见的幻象》中明确地传达了他对这个世界和生活的态度：“最高阶的天使伊多里埃（Ituiel）令巴蒲克前往波斯帝国的首都去查看人们的活动与这个城市的风俗。保留或是毁灭柏塞波里斯（Persepolis）要以巴蒲克的报告和裁定为依据。巴蒲克于是便对这个城市完全熟悉了。他看到了不受约束的暴行；他了解到官员滥用职权、傲慢无礼，法官贪赃枉

① 卢梭．漫步遐想录［M］．徐继曾，译．北京：人民文学出版社，1986：134-135.

法，商人尔虞我诈。但在同时，他也看到这座城市自有其荣耀，自有其恢宏，有其精神之文明与社会之文明。于是他拿定主意。他将一尊小小的铸像带给伊多里埃，这是城中手最巧的金匠用各种金属——包括最宝贵的和最不值钱的——为他打造出来的。他“说道：‘你是否因为这美丽的人像不是全纯金打的或钻石雕的，就把它毁掉？’伊多里埃明人不用细说，连惩罚柏塞波里斯的念头都抛开了，决定让世界如此这般地下去。他说，即使不是一切皆善，一切都还过得去”①。这就是伏尔泰对这个世界的态度——强烈的质疑与坚决肯定结合在一起，他周旋于这样的社会，不离不弃，享尽世间的好事，生前风光无限。而卢梭正好相反，他曾岌岌于穷困的途径，奔波于劳顿的途中。他以一颗善感的心灵体味人世间的炎凉百味。在上流社会阶层中，他看到的是文明面纱下的虚伪和堕落、功利算计的冷酷；在底层劳动者的群体中，他体验到了他们善良情感的温暖。他曾经在流浪的途中受到一个农民的热情款待，而“他在富贵人家饱受虐待和歧视，只见到冰冷和无情的利害和虚伪，而在劳动群众中处处得到温情照顾，感染着淳朴的感情和高尚的道德”②。他亲身经历过各种窘困和艰难，因而更懂得同情和善待别人的可贵。生活的体验使他感受到情感的温暖和可贵。

生活的体验也使卢梭认识到启蒙运动中所秉持的“理性”在人性问题上的局限。他从事各种微贱工作的丰富体验和东游西逛的经历，使他没有像其他启蒙运动家们那样沉浸在理性文明的乐观之中，而是清醒地意识到启蒙运动的思想家们所秉持的理念——“理性”在人性问题上的局限。18世纪启蒙运动时期，一切都要在“理性”这位法官面前为自己争得存在的合理性，而理性使人趋于斤斤计较、功利算计，使人与人的关系变得冷漠无情。“理性”忽略感性，甚至把感性（比如同情、怜悯等）排挤到幽暗

---

① 伏尔泰．哲理小说套装［M］．傅雷，译．上海：上海译文出版社，2017：93.

② 李凤鸣，姚介厚．十八世纪法国启蒙运动［M］．北京：北京出版社，1982：160.

的角落，而正是这些情感因素使人与之间的关系变得温暖友爱。但是，卢梭也同样清楚地看到仅凭感性激情的引导，人类同样不能进入完善的境地。人“是要照着人类所想要生活于其中的秩序，来自由地创造、自由地塑造秩序”①。那么人类的出路在哪里？他问道古人，向人类源头追寻：人奴役人不平等的罪恶来自哪里？他希望通过探查人类的源头能找到一条人类自身的救赎之路。他以一腔悲悯的情怀关注着人类走过的路，以一双敏锐的眼睛探寻着人类的出路。在人类的源头，他发现了人拥有其他动物无可比拟的“可完善性”这一天赋。“只有通过这一天赋而不是通过神的帮助和拯救，人类才将最终获得自由并掌握自己的命运：‘因为仅有奢欲的冲动便是奴隶状态，而唯有服从人们自己为自己所规定的法律，才是自由。’”② 人只有凭借其“可完善性”天赋这一理性的指引，才能达到自律自由境地，感性也需要靠理性的提升和优化，但是感性是人性的一部分，是不能被忽略的。这样一来，他的《爱弥儿》就像一座桥梁，把他的《论人类不平等的起源和基础》和《社会契约论》的思想连接起来了。陷入歧途的人类需要通过爱弥儿式的教育才能达到契约社会的那种理想境地。卢梭终于把个人的生活经历凝练升华为一首哲理诗。但是，我们应该看到，“在卢梭成功地将基本个人经验（这是他在所有方面的出发点）转化为纯粹理智的形式，并在一种客观哲学学说的语境之中将这些经验表现出来之前，他必须走过的道路是多么漫长而又艰难”③。

著名社会学家涂尔干在其《教育思想的演进》中曾说过这样的话：“在我们每个人的理智与感情的特定属性之下，都潜藏着一种更为深层的属性，是这种属性规定了其他属性，使其他属性统一为一个整体。”④ 那

① 恩斯特·卡西勒，彼得·盖伊．卢梭问题［M］．王春华，译．南京：译林出版社，2009：73.

② 恩斯特·卡西勒，彼得·盖伊．卢梭问题［M］．王春华，译．南京：译林出版社，2009：68-69.

③ 恩斯特·卡西勒，彼得·盖伊．卢梭问题［M］．王春华，译．南京：译林出版社，2009：112.

④ 爱弥儿·涂尔干．教育思想的演进［M］．李康，译．上海：世纪出版集团，上海人民出版社，2006：33.

么，对于卢梭来说，这种更深层的灵魂属性来自普鲁塔克，来自他生命的丰富体验，这使他超越时代局限，直指未来。

第二节　启蒙运动与卢梭美育思想的形成

卢梭美育思想的形成与18世纪法国声势浩大的启蒙运动有着密切的联系。启蒙运动所倡导的“平等”“自由”的观念对卢梭产生了重要影响。卢梭的美育思想是在对启蒙运动反思批判中形成的，他的“回归自然”的主张是对当时文化思潮中“理性至上”观的一种反驳，这也是其美育思想的一种诉求。

一、自由与自然：卢梭对启蒙思想的发展

18世纪法国的启蒙运动是资产阶级发动和领导的一次声势浩大的思想解放运动。这场运动解除了封建专制制度对人的身体和精神的束缚，由此带来的对自由和平等的诉求，成为这个时代不可阻挡的潮流。正如梯利在其哲学史中所描述的那样：“在国家内部出现了逐渐增长的、趋于立宪政治和民主政体的倾向，这种倾向现在依然存在：各个国家都要求平等权利和社会主义。独立的精神原来很适宜地反对过教会的权威，现在又攻击国家的家长式的控制；政治上不加干预的学说变成了个人主义的理想。在经济领域里也表现出同样的精神：奴隶制、农奴制和古老的行会制度逐渐消失，个人摆脱羁绊，要求独立自主地寻求经济出路。”① 在这场运动中，涌现出一大批启蒙思想家，如伏尔泰、狄德罗和卢梭等人。他们纷纷著书立说，宣传资产阶级的自由平等思想，以反对封建专制和封建特权；他们普及科学知识，以驱赶宗教迷信；他们相信依靠人类的理性，人们能够走出

① 梯利．西方哲学史（下册）[M]．葛力，译．北京：商务印书馆，1979：12-13.

封建社会的漫漫长夜，建立一个自由、平等的“理性王国”。

启蒙运动这一思想解放的思潮和运动无疑为这一代思想家营造了最适宜的气候，各种思想互相激发、砥砺而行。对自由和自然的探索成为18世纪哲学家共同的话题。

伏尔泰曾高喊：“让我们自由写作，也自由行动吧。”① 但伏尔泰所谓的自由实际上代表的是资产阶级利益的自由。这种自由实质上是主张资产阶级拥有私有财产的权利的自由以及劳动人民拥有出卖劳动的自由。卢梭对自由的认识与此有所不同。卢梭认为自由是人的一种天性。在《论人类不平等的起源和基础》《社会契约论》中他反复强调过，“每个人都生而自由和平等”②，这一主张深受洛克的天赋人权思想的影响。虽然卢梭与洛克都认为人生而自由和平等，而且个人的自由应该得到保障，但是洛克主张“人的自然自由，就是不受人间任何上级权力的约束，不处在人们的意志或立法权之下，只以自然法作为他的准绳。处在社会中的人的自由，就是除经人们同意在国家内所建立的立法权以外，不受其他任何立法权的支配；除立法机关根据对它的委托所制定的法律以外，不受任何意志的统辖或任何法律的约束”③。也就是说，洛克主张的自由是一种对约束和支配的逃避，他以不受法律以外的任何东西的压制为寻得个人自由的途径，因而被称为消极的自由主义。

洛克的自由观和17世纪人们对自然的普遍看法密切相关。自然的状态被认为是一种最基本、最简单甚至是最直接的关联。在这种状态下，每个人都是独立自主的，因而也是生而自由和平等的。既不存在某种需要被超越的秩序，也没有权利对别人发号施令。只有自我保全的权利是客观的和无条件的，而所谓的义务，只有在个人权利不受到威胁的时候才具有约

① 王养冲．阿·索布尔法国大革命史论选［M］．上海：华东师范大学出版社，1984：144.
② 卢梭．社会契约论［M］．何兆武，译．北京：商务印书馆，1982：9-10.
③ 洛克．政府论（下册）［M］．叶启芳，瞿菊农，译．北京：商务印书馆，1964：16.

束力。而正义和道德的唯一来源也只是这种满足自我保全、自我欲求的权利。洛克把自然人看作是有理性的，人们在才智和能力上都是平等的。因此，由这种有理性的自然人所造就的自然状态是一幅人类互助互爱的美景。洛克把这种自然状态看成是一种已经完备无缺的自由状态，所以他才主张每个人都应以自然法为准则，把其他任何外加于人的意志或法律视作对人的自由的戕害。

虽然卢梭也认为自然是好的，他曾说“出自造物主之手的东西，都是好的，而一到了人的手里，就全变坏了”①，但是他并不认同洛克对自然状态的描述。他认为洛克所描绘的自然人头脑里装满了文明人的观念。首先，卢梭认为在自然状态下的人类还没有理性，源自天性的自我保存以及同情怜悯才是支配人类活动的自然原则。感觉和情感应先于理性而存在。其次，在自然状态中，自然人离群索居，并不与其他的自然人产生关系，可以说是孤独的和非社会性的，因此也没有道德、善恶等观念。卢梭明确指出：“在自然状态的人类，彼此之间没有任何道德上的关系，也就没有人所公认的义务，所以，他们既不可能是善的也不可能是恶的，即无所谓邪恶也无所谓美德。”② 自然人的义务来自他们的权利，当他们意识到自己具有的天赋自由时，就会发现与没有理性的动物相比自己独具的优越性。正是这种优越感的产生促使他们要求去体现自己的意志抉择，进而想要获得自己参与立法的政权。这也是公意产生的过程。卢梭认为，要保证个人的自由，就必须遵循公意。所谓的公意，是指国家全体人员的一种公共的意志，是经由个人积极参与社会而形成的。如果人们服从公意，那么就会“使得每一个与全体相联合的个人只不过是在服从其本人，并且仍然像以往一样地自由”③。从这点来看，卢梭所谓的自由并不仅仅是指一种个人的

① 卢梭．爱弥儿（上卷）[M]．北京：人民教育出版社，2007：5.
② 卢梭．论人类不平等的起源和基础 [M]．李常山，译．北京：商务印书馆，1997：97.
③ 卢梭．社会契约论 [M]．何兆武，译．北京：商务印书馆，2008：19.

自由，更是一种道德的自由和社会的自由，而且这种自由是以积极的姿态取得的，是一种与洛克的“消极自由”有所不同的“积极自由”。卢梭对自由的探讨推进了启蒙运动的发展，并形成了颇具特色的“卢梭传统”①，对后人产生了巨大的影响。而自由这一思想在他的教育学著作《爱弥儿》中也有充分体现，成为其教育理论的重要维度。此外，自然也是卢梭美育思想的重要维度。虽然卢梭主张的人类社会应重返的自然状态也是一种感性状态，但这种感性是不离理性的感性，是积淀了理性的感性。从这一点来看，卢梭充分吸收了法国新古典主义的思想，延续了布瓦洛的“自然”观念。布瓦洛所谓的自然并不是指大自然的风景，也不仅仅是指一般的感性世界，而是指天生事物的常情常理，甚至特指“人性”，因为在西方所谓的自然，其本义就包含着人。卢梭充分肯定个体自然自由的价值，但却一再强调个体道德自由生成，他的美育思想的终极诉求即培养一个完全的“自然人”、一个理性与感性完满融合的人，由此可见一斑。

二、理性与感性：卢梭对启蒙运动的反思

启蒙运动产生的重要基础是自然科学的发展。自然科学不仅为法国的启蒙运动提供了批判神学的重要依据，也促使法国的启蒙运动充满着理性、自信和相信社会不断进步的乐观主义精神。自然科学成果被广泛应用，推动了技术的革新和生产的进步，也使人们坚信只要按照理性指引的方向向前发展，人类社会就会有光明的未来。按照康德所言，所谓“启蒙运动就是人类脱离自己所加之于自己的不成熟状态。不成熟状态就是不经别人的引导，就对运用自己的理智无能为力。当其原因不在于缺乏理智，而在于不经别人的引导就缺乏勇气与决心去加以运用时，那么这种不成熟就是自己所加之于自己的了。……要有勇气运用你自己的理智！这就是启

① 罗素．西方哲学史：下卷［M］．北京：商务印书馆，1988：224.

蒙运动的口号”[①]。可见，能否自主运用理性便是衡量人类是否处于成熟状态的重要标准，那么对于理性的推崇也就不难理解了。

启蒙运动的理性来自17世纪的法国古典主义，主要倡导者是笛卡尔。作为17世纪法国伟大的哲学家、唯理论的创始人，笛卡尔提出了“我思故我在”。这里的“思”是指理性的活动，他试图用思维证实人的存在：“那么我究竟是什么呢？是一个在思维的东西。什么是一个在思维的东西呢？那就是说，一个在怀疑，在领会，在肯定，在否定，在愿意，在不愿意，也在想，在感觉的东西。”[②] 在笛卡尔那里，思维和怀疑被赋予至高无上的地位。发展到18世纪，理性更加受到推崇。伏尔泰认为人类的理性是神所赐予的，而哲学家则是这种理性的化身。他在给达朗贝尔的信中写道，“理性的时代已经到来”，“这个时代要求确认以理性来反对种种想象和别的时代的偏见，并取得胜利”[③]。这种对理性的提倡在当时获得了很多哲学家的响应。18世纪的启蒙家普遍把理性作为推翻权威的工具，“他们不承认任何外界的权威，不管这种权威是什么样的。宗教、自然观、社会、国家制度，一切都受到了最无情的批判；一切都必须在理性的法庭面前为自己的存在作辩护或者放弃存在的权利。思维着的悟性成了衡量一切的唯一尺度”[④]。在这些哲学家眼中，理性应该广泛应用于社会的各个领域，起着重大无比的作用。伏尔泰以及以狄德罗为代表的百科全书派都坚信理性可以给人类社会带来文明和进步。但是卢梭从未如此乐观。他觉得他们那个时代的错误之一就是对理性的过度推崇。他认为科学来源于人类的罪恶：“天文学诞生于迷信；辩论术诞生于野心、仇恨、谄媚和谎言；几何学诞生于贪婪；物理学诞生于虚荣的好奇心；因此科学与艺术的诞生

① 康德．历史理性批判文集［M］．北京：商务印书馆，1991：22.

② 笛卡尔．第一哲学沉思集［M］．北京：商务印书馆，1986：27.

③ 王养冲，王令愉．法国大革命史［M］．上海：东方出版中心，2007：51.

④ 恩格斯．社会主义从空想到科学的发展［M］//马克思恩格斯选集．北京：人民出版社，1972：404.

乃是出于我们的罪恶。"① 卢梭清楚地认识到，理性既是反对世俗和神权专制的有力工具，同时也带有功利主义的一面。所以，理性非但不能给人类带来福祉，相反，科学的进步、理性的发展给人类带来了不平等以及罪恶。正是理性和智慧催生了人们过多的欲望，诱发了人类在各种道德上的堕落。

卢梭之所以坚持对理性的反思和批判，还在于提倡理性的哲学家在很大程度上忽视了感性的维度。笛卡尔所理解的理性是与生俱来、先天就有的人的良知，与后天的经验没有关系，所以他的理性并不是建立在感性基础上的，与感性并无关系。法国新古典主义者布瓦洛更将理性作为一切创作的依据。而启蒙运动时期的哲学家虽然都推崇理性，但是也都在某种程度上关注着感性的维度。狄德罗曾提到感情的作用："人们无穷无尽地痛斥情感；人们把人的一切痛苦都归罪于情感，而忘记了情感也是他的一切快乐的源泉。——只有情感，而且只有大的情感，才能使灵魂达到伟大的成就。如果没有情感，则无论道德文章就都不足观了，美术就回到幼稚的状态，道德也就式微了。"② 尽管如此，我们必须承认，狄德罗仍然是在他的理性主义体系中论述情感的，这一点卢梭和他很不相同。梯利在《西方哲学史》中指出：在卢梭那里，"道德和宗教不是推理思维的事，而是自然的感情问题。人的价值不在于他有智慧，乃在于他有道德的本性，这种本性本质上是感情！唯善良的愿望具有绝对的价值。卢梭强调情操作为精神生活因素的重要性，否定理性的发展能够使人完善"③。卢梭把道德以及产生道德的基础归结为良心。他认为："良心之所以能激励人，正是因为存在着这样一种根据对自己和对同类的双重关系而形成的一系列的道德。知道善，并不等于爱善；人并不是生来就知道善的，但是，一旦他的理智

① 卢梭．论科学与艺术［M］．何兆武，译．北京：商务印书馆，1963：16.

② 狄德罗．狄德罗哲学选集［M］．江天骥，等译．北京：商务印书馆，1997：1.

③ 梯利．西方哲学史（下册）［M］．北京：商务印书馆，1979：155.

使他认识到了善，他的良心就会使他爱善；我们的这种情感是得自天赋的。”[①] 可见，在卢梭的观念中，良心先于理性而存在，是生而有之的，属于感性的范畴。卢梭把自己称为自然之子，是感性之人；而伏尔泰等人是思辨之人，是偏执之士，而危险的则是后一种人。卢梭高扬感性，推崇直觉：“人在推理的时候是聪明的，而最高的智慧则不需要进行推理；它不要什么前提，也不要什么结论，甚至连命题都不要；它纯粹是直觉的，它既能认识已经存在的事物，也同样能认识可能存在的事物。”[②] 卢梭甚至把直觉置于推理之上。他把感性提到了很高的地位，认为它才是所有行动的起源。在自然状态中的人自有其感觉和自爱之心，根本不用受什么理性的支配。

捷·伊·奥伊则尔曼如此评价卢梭对于启蒙理性的重要作用：“启蒙的‘理性明灯’照射着外部世界并发散到各个角落，但从不照射到自身的。对自己来说，它仍然是暗昧的。而卢梭则把这样的亮光投射到‘理性的黑暗’。”[③] 这个评价正是有感于卢梭对启蒙理性的批判和反思的。但是这并不意味着卢梭对理性维度的断然放弃。尽管卢梭把道德情感和良知纳入感性的范畴，并赋予其理性不可代替的地位，但是他仍然认为这种道德情感应该在某种程度上受到理性的调控。卢梭对感性的重视在一定程度上反拨着启蒙运动重视理性的方向，但他并没有抛弃理性，而是主张由理性而情感。可以说，卢梭成就的是一种新的思想方向，而这一方向在其美育思想中也有充分体现。卢梭反对采取说教的方式教育孩子，在《爱弥儿》中，他尝试通过游戏、运动、绘画、音乐等多种途径培养爱弥儿敏锐的感性知觉并以此来促进他的智力发展。他对理性的反思、对情感的推崇构成了特定的审美方式，开启了科学主义精神向人文主义精神转换的审美现代

---

① 卢梭．爱弥儿［M］．李平沤，译．北京：商务印书馆，2007：416-417.

② 卢梭．爱弥儿［M］．李平沤，译．北京：商务印书馆，2007：49.

③ 捷·伊·奥伊则尔曼．十四—十八世纪辩证法史［M］．北京：人民出版社，1984：257.

性，并对以康德为代表的德国古典美学产生了巨大的影响。

三、感觉经验论与白板论：卢梭教育思想的理论资源

西方近代哲学史按照以理性还是以经验为知识的泉源或准则而分为唯理主义和经验主义两大流派。英国的经验主义强调“一切知识都发源于感官知觉或经验”，“没有与生俱来的真理”①，否认有所谓先天的理性观念。这种观点被称为经验主义或感觉主义。伏尔泰在他的《哲学通信》中向法国人介绍英国的经验主义的理论，从而开启了法国启蒙运动的先河。卢梭正是通过伏尔泰的《哲学通信》才接触到了英国的经验主义。经验主义对他的美育思想的形成产生了重要的影响。他关于教育中感性和理性方式运用的观念深受培根所开创的经验主义的影响。卢梭认为，只有靠自己的亲力亲为才能获得知识和真理，才能达到日臻完美的境地。亲力亲为就是在凭借自己的感觉判断和经验积累去追求真理，完善自己。它们是卢梭美育思想展开的基础。

卢梭深受培根影响主要表现在对教育方式的采取上。他主张在对儿童进行教育的时候需以直观教育的方法激发孩子的学习兴趣，反对填鸭式的教育方式。卢梭对教会扼杀儿童天性的做法深恶痛绝，认为教会先给孩子灌输一些他不明白或者对他一无好处的观念，然后让老师教给他一切知识，这样教育出来的孩子就成为一个怪胎。他既是奴隶又是暴君，虽然具有学问，但缺乏理性，身心都很脆弱，带着愚昧、骄傲以及种种恶习。这样的教育只能毁掉孩子，而好的方式是从激发孩子的感性入手，让孩子在实践和感觉中成长。卢梭认为人类的感性先于理性形成，所以，对于孩子的教育也应首先通过感觉训练入手，“通过感官而进入人脑的，所以人的最初的理解就是一种感性的理解，正是有了这种感性的理解做基础，理智

① 捷·伊·奥伊则尔曼．十四—十八世纪辩证法史［M］．北京：人民出版社，1984：15.

的理解才得以形成"[①]。因此，在教育过程中，卢梭着重强调通过具体的实践让爱弥儿获得知识。例如，通过反复进行"鸭子戏水"的游戏实验，让他懂得物理学中的磁力现象；让他亲自观察日出日落来了解季节的变化；通过在酒中掺假，让他领会到化学中的氧化铅的作用。对于抽象知识的获得，卢梭也是采取让他亲自经历的方式，而不是通过直接宣教加以灌输。卢梭注重让爱弥儿在失败中总结教训。卢梭教育下的爱弥儿不是以牺牲快乐的时光才达到完美成熟的境地的，"恰恰相反，他们是齐头并进的。在获得他那样年纪的理智的同时，也获得了他的体质许可他享有的快乐和自由"[②]。卢梭采取的是典型的寓教于乐的方式，注重孩子的兴趣，让其在实践中获得知识。

培根是英国经验主义的开创者，而洛克则是英国经验主义的总结者。相比于培根，洛克对卢梭产生了更加直接的影响。正如梯利所言：洛克的经验主义心理学是从"英国的联想论（布朗和哈特莱）和法国感觉论（孔狄亚克和爱尔维修）中得到滋养的泉源。……他的教育理论影响了法国的伟大作家卢梭，并通过他影响了全世界"[③]。洛克对卢梭的美育思想产生了巨大的影响，但是通常人们是把这两个人放到对立的层面进行比较的。美国学者尼尔·波兹曼的观点颇具代表性："对于卢梭，教育主要是一个减少的过程；而对于洛克，这是一个增加的过程。"[④] 在尼尔·波兹曼看来，洛克和卢梭的教育观是对立的，甚至是难以调和的："看来已经发生的情况是，有关童年本质的观点的确定性开始受到质疑。一般来说，洛克的关于儿童是未成形的成人、需要接受文明改造的观点仍保持完好无损，而如何进行教育才不会破坏卢梭和浪漫主义运动所描绘的童年美德，

---

① 卢梭．爱弥儿（上卷）[M]．李平沤，译．北京：商务印书馆，2007：149.
② 卢梭．爱弥儿（上卷）[M]．李平沤，译．北京：商务印书馆，2007：209.
③ 梯利．西方哲学史 [M]．葛力，译．北京：商务印书馆，1979：93-94.
④ 尼尔·波兹曼．童年的消逝 [M]．桂林：广西师范大学出版社，2004：87.

则产生了许多问题。"① 不可否认，洛克和卢梭关于理性、自然状态等教育理论基础的看法都不尽相同，直接导致他们教育观点的分歧。但是这些都不足以掩盖卢梭对洛克教育思想有所吸收的事实。

洛克对卢梭教育思想的影响表现在"白板论"以及感觉经验论上。洛克认为，人类的心灵中并不存在任何原则与观念，更没有基督教所谓的"原罪"，而是像一张白纸、一块白板、一个空盒子一样，既无善念也无恶念。"正如我们所说，心灵既然是一张白板，当然没有任何观念，它怎样得到装备呢，所有的推理材料与知识从何而来呢？我回答说，总而言之，我们所有的知识都是从经验中建立的，从经验中最终获得它自己。"② 由此可见，洛克坚持认为知识的获得来源于经验的积累。那么人类并非因为天赋而是单凭自己天然的感觉官能就能获得所有的知识。而这种经验分为内部经验和外部经验两种。外部经验是指由于外物作用于人的感官而得到的经验，而内部经验则是指对自己内心的反省。卢梭对洛克的思想进行了批判的吸收。卢梭反对当时法国的主流价值教育观——"原罪说"，抨击对孩子进行填鸭式、强制式的教学方法，提倡用经验感觉的方法获得知识。但是卢梭还认为人身上存在着某种"天性感情"，即天性，这种天性并不是从感觉经验中得来的，所以卢梭的美育更加注重情感的维度。梯利曾对洛克的教育思想进行了总结："他认为人于出生时，除去期望快乐和有接受印象的能力以外，心灵没有任何原则；教育问题就是必须靠经验来学习和实现幸福。为了达到这个目的，需要有健康的身体和健全的感觉器官；要靠锻炼和习惯来增强体质；因此，儿童需要受体育训练，大家都应过朴素的生活。儿童个性要自然发展，所以个别教授比较可取。洛克还强调实物教学、通过游戏来学习和激发学生思想活动的重要性；必须使学习成为

① 尼尔·波兹曼．童年的消逝［M］．桂林：广西师范大学出版社，2004：89.

② 洛克．人类理解论［M］．关文运，译．北京：商务印书馆，1959：68.

乐事。最重要的是，不可忽视教育的社会目的：把青年训练成社会中有用的成员。”① 卢梭在《爱弥儿》中明确表示，要按照孩子生长的天性进行教育：对于儿童，主要是通过游戏的方式对其感觉和身体进行锻炼；对于青年，则要进行理性能力的培养，同时不能忽略其丰富敏锐的感性培养。而其最终的教育目标是培养出一个不受传统束缚、按本性发展的人，不仅要身心健康，更重要的是成为具有自身价值的独立实体。可以看出，卢梭的爱弥儿简直就是洛克教育观点的翻版或者是洛克教育理论的例证。

尽管卢梭和培根、洛克抑或其他启蒙运动家的思想不尽相同甚至有巨大分歧，但是他们有着共同的目的，即为推翻封建统治而努力。卢梭对培根、洛克等人的理论进行了批判的吸收、整合，创立了自己独特的教育观，并以此来反对法国封建社会残害儿童的“原罪说”式教育，对孩子健康成长的途径进行了有益的探索。

① 梯利．西方哲学史［M］．葛力，译．北京：商务印书馆，1979：93-94.

第二章　卢梭美育思想的理论基础

卢梭美育思想有两个重要的理念，即“自然”和“自由”。本章从西方思想史的角度对这两个理念的内涵进行简单梳理，并在不同层面上阐释其在卢梭作品中的含义，论述“自由”和“自然”与卢梭美育思想的关系。本章借鉴丹麦史学家哈格尔·霍甫丁对卢梭“自然”阐释的框架，论述卢梭思想中的“自然”理念。

第一节　自　由

“自由”在西方思想史上是一个变化的、多义的概念。“自由”是卢梭整个思想的核心理念，是他建构其整个思想的基础，也是卢梭美育思想的基础。本节简单梳理了“自由”的内涵在西方思想史上的变迁，阐释了卢梭的“自由”观，论述了卢梭“自由”观的美学内涵和向美育转化的可能。

一、“自由”的溯源

“自由”这个概念在西方哲学史上占有非常重要的地位。最早对“自由”做出研究的是赫拉克利特；之后，亚里士多德对“自由”与伦理的关系进行了整合，从而奠定了“自由”从属于理性的传统。漫长的中世纪，在宗教神学的统治下，“自由”的话题成为讨论的禁区。随着文艺复兴运动和宗教改革运动的兴起，统领西方几个世纪的宗教思想受到极大的冲击，“自由”重新成为启蒙思想和近代哲学探讨的主题。卢梭的“自由”学说源于他对人的本性与人生困境的洞察和对近代“自由”学说的继承。他一改亚里士多德将自由统领于理性之下的传统，对自由做出新的阐释，他的“自由”观成为影响世界最为持久的思想。

（一）赫拉克利特和亚里士多德关于自由的论述

“最早对自由作出系统研究的哲学家是赫拉克利特。在赫拉克利特那里，自由包含了两方面的含义：一是不受奴役，即人身的自由状态；二是按照理性（逻各斯）自主行事，即自由不是为所欲为，而是在遵从理性（逻各斯）前提下的自由。”① 从赫拉克利特对“自由”的界定可以看出，自由既是指人在政治上的独立和平等，又是指接受理性（逻各斯）的指引；自由从属于自我的理性，也就是说人的自由不可能先于人的理性。所以“自由”的概念一开始就被统摄在理性之下。

“亚里士多德将前人的自由观纳入其伦理学和政治学体系之中。在伦理学中，把自由与目的性学说结合了起来，认为人的行动与动物行动的不同之处在于人可以自由选择行动的目的，即他是自愿去为恶或行善的。所以人并非天生‘就是’道德或非道德的，而是凭自由意志来使自己‘变成’善恶的。……这样亚里士多德就把自由与目的性统一了起来，从而奠定了自由从属于理性的传统，这一传统对后来自由思想的发展产生了深远影响。”② 人只有具备了理性，才会有区分和比较的能力；而善和恶又是一对社会道德范畴，人只有在社会的状态下，才具有善或恶的观念。由此可以看出，亚里士多德在他的伦理学中纳入“自由”概念，暗含着人的“自由”需要具备两个条件：其一，人已经具有了区分比较的能力，即人已经有了理性；其二，人处在社会状态之下。只有具备了这两个条件，人才能

① 赵义良．论卢梭实现的教育范式转换及其意义［D］．北京：清华大学，2006：60.
② 赵义良．论卢梭实现的教育范式转换及其意义［D］．北京：清华大学，2006：60.

行使自由，对善恶做出判断，从而尊重自己的愿望去为恶还是为善。从这里也可以看出，亚里士多德认为，人和动物的区别是“理性”而不是“自由”，即人是有“理性”的动物。

（二）卢梭对“自由”的见解

在西方思想史上，古典哲学一直把人看作理性的动物，而近代哲学家霍布斯拒绝把人看作理性动物和社会动物，从而中断了自由的古典政治学的传统。卢梭对“自由”的思考，继承了霍布斯等人的哲学观点，对“自由”学说做出了自己独特的贡献。“霍布斯拒绝人是有理性的动物这一传统的定义，以及这一定义赖以建立的基础及决定论的观点。他认为，人类理性在宇宙秩序中没有其物质基础，人类语言是一种发明物。”① 霍布斯把理性放在整个宇宙的存在秩序背景下加以考察，发现在宇宙的秩序中找不到理性的物质基础，理性没有根基，理性就像人类的语言一样，也是人类发展中出现的产物，而不可能是人类的本性。

卢梭在拒绝人是有理性的动物这一点上，坚持了霍布斯的方向，并以此为基点，做出了巨大的贡献。“卢梭否定整个古典道德哲学和政治哲学的传统，这一传统认为人是有理性的、社会的（或政治的）动物。”② 在否定人是有理性的动物这一点上，卢梭认同了霍布斯的观点。卢梭在其著作《论人类不平等的起源和基础》中研究考证了自然状态中的人类，他认为人类在其最初始的自然状态中是没有理性的，理性是人发展中的产物。卢梭在理性起源的问题上对霍布斯进行了深入的批判：“霍布斯没有充分思考理性的起源。理性起源于人，但人是自然秩序的一部分；人是动物。如果理性在自然界没有物质基础，它不可能属于自然状态中的人。人的原

---

① 普拉特纳．卢梭的自然状态：《论不平等的起源》释义［M］．尚新建，等译．北京：华夏出版社，2008：64.

② 普拉特纳．卢梭的自然状态：《论不平等的起源》释义［M］．尚新建，等译．北京：华夏出版社，2008：52.

初状态是动物状态，并不比其他动物更具有理性。”① 霍布斯从物质秩序的本源上否定了理性存在的基础，但是他没有指出理性的起源在哪里，卢梭对这一问题进行了深入的追问和研究。他与霍布斯一样，也发现原初状态的人和动物一样，不具有理性。根据卢梭的推测和研究，理性起源于人，是人发展中的产物。

卢梭认为人的“理性”是人类发展到一定阶段才出现的社会属性，它并不是人的本性，人的本性是“自由”，自由才是人与生俱来的。他的这种思想中断了人的“自由”从属于“理性”的西方传统思想。如果人的“理性”是人进化过程中的产物，而不是人与生俱来的，传统意义上以理性为标准来区分人与动物就没有了根基，那么人和动物最根本的区别在哪儿呢？自然状态的人和动物一样是没有理性的，只有来自感觉器官的感觉和印象，或者都能把某些简单的感觉印象进行综合。在这一点上，人和动物的差别只是程度不同。有些哲学家甚至认为这个人和那个人之间的差别，比这个人和那个动物之间的差别还大。因此，人之所以与动物不同，与其说是因为人有智力，不如说是因为人有自由主动的资质②。也就是说，在自然状态中，人和动物在智力上虽有些差异，但是没有质的区别。而人和动物最根本的差别是自主的选择：动物受制于自然，只能按照自然的规定生活；人除了能够按照自然的规定生活以外，还能进行自主的选择。这一点才是动物与人的根本区别，即人是自由的，动物是不自由的。卢梭通过比较得出结论：人与动物的根本区别是“自由”，而不是“理性”。换句话说，在人与动物区别的根本性标准上，卢梭用“自由”置换了“理性”。

卢梭借用近代机械唯物论的观点对人与动物的区别做出了解释。笛卡

① 普拉特纳．卢梭的自然状态：《论不平等的起源》释义［M］．尚新建，等译．北京：华夏出版社，2008：64-65.

② 卢梭．论人与人之间不平等的起因和基础［M］．李平沤，译．北京：商务印书馆，2007：57.

尔在《谈方法论》的第五部分，第一次提出动物是机器的观点，指出人不纯粹是机器，因为人有说话的能力和运用理性的能力；卢梭接受了笛卡尔机械论的观点，并推动其发展。① “我认为，每个动物都是一部巧妙的机器；大自然赋予这部机器以各种感官，使之能活动起来，保护自己，并在某种程度上防范一切可能伤害它或打扰它的事情。在人体这部机器上，我发现情况也完全一样，只不过有这样一个区别：动物的行为完全受自然的支配，而人却不然；人是一个自由的主体，他可以把受自然支配的行为与自己主动的行为结合起来。动物根据它的本能来决定它对事物的取舍，而人却可以自由地选择什么或放弃什么。”② 卢梭指出，人和动物其实都是自然造就的一部机器，但是动物这部机器完全受制于自然，人这部机器除了受制于自然外，还有自己的主动性，可以自由地支配自身这部机器。卢梭从近代的机械论方面得到理论上的支持，揭示出自由是人的本质，是有别于动物的根本特征。

二、“自由”的界定

“自由”是人的本性。卢梭通过他的作品，向读者论述了人的自由的三种状态：自然状态的自由、市民社会的自由和契约社会的自由。

（一）自然状态的自由——绝对的自由

1. 自然状态的人是自由的

最初自然状态的人，独自游荡在原始的森林中，没有同伴，没有语言，孤独而愚昧。他的欲望没有超出他的本能的需要：保护生命的安全，维持身体的生存。“野蛮人因为没有任何知识，只具有来源于自然冲动的欲望，所以他的欲望不会超过他的身体的需要。”③ 这里的野蛮人就是卢梭

① 普拉特纳．卢梭的自然状态：《论不平等的起源》释义［M］．尚新建，等译．北京：华夏出版社，2008：39.

② 卢梭．论人与人之间不平等的起因和基础［M］．李平沤，译．北京：商务印书馆，2007：57.

③ 卢梭．论人与人之间不平等的起因和基础［M］．李平沤，译．北京：商务印书馆，2007：59.

所说的自然人，他们做什么事情，完全受欲望支配，这时的理性是不起作用的，理性只是人类进化到一定阶段的产物，他们没有知识，知识属于人类的间接经验，需要理性，进行一代代的传承。康德认为，范畴和对象相符合，就构成了知识，他的《纯粹理性批判》回答了知识为什么可以变成可能。在自然状态中的人，理性是不发达的，没有知识的概念，他们按照自己的本能进行生活，这种本能就是人类天生的那种感情。

在感官的发展上，那些与保存生命有关的视觉、听觉和嗅觉特别发达，而那些建立在生存之上的享受和逸乐的感官还处在不发达的状态，即"触觉和味觉极其迟钝"。卢梭认为野蛮人"唯一操心的事情，是保护他的生命。他熟练的本领主要是进攻和防卫：主动去猎获别的动物，并保护自己不被别的动物吃掉。反之，他那些只能靠逸乐和肉体享受才能完善的器官却始终处于粗笨的状态，一点也不灵敏。在这一点上，他的感官分化成两类：触觉和味觉极其迟钝，而视觉、听觉和嗅觉却特别灵敏"①。由此可见，野蛮人主要发展的是与生存密切相关的技巧，这也是生物进化的原因。物竞天择，适者生存，视觉和听觉与野蛮人的生存密切相关，因此，他们就发展了这种感官，视觉、听觉和嗅觉越发达，他们就越能保卫自己和猎取食物。而触觉和味觉只有在人类解决了生存问题之后，才会发展起来，这些感觉是和享乐相关的。

人在自然状态中的需要和自身是统一的，尽管统一在一个较低的水平上；他的欲望非常低下，仅为了自我保全。所以，在自然状态下，人能够完全按照自己的本意行事，而他的本意几乎可以说是源自他本能的欲望。他的任何愿望都不受限制，任何需求都得到满足，他是自由的。

2. 自然状态的人的自由是平等的、绝对的

自然人没有理性，只有动物似的自我保存的本能；自然人没有天然的

① 卢梭．论人与人之间不平等的起因和基础［M］．李平沤，译．北京：商务印书馆，2007：56.

统治权，也没有奴役权；没有责任和义务，也无可依赖，每个人都是独立自主的个体。每个人都是自己的法官，没有义务服从别人的指挥，自然人的自由是绝对的。奴役的链条不存在，奴役是后天形成的。卢梭说："奴役的链条是由于人们的相互依赖和使他们联合在一起的互相需要形成的。不先使一个人处于不能不依赖另一个人的状态，就不可能奴役他：这种情况在自然状态中是不存在的；在自然状态中，每个人的身上都没有枷锁，最强者的法律是没有用的。"① 由此可见，在自然状态中，人们没有枷锁，人生而自由，只是由于社会的发展，为了应对共同的灾害、敌人，保存自己，人们才联合起来，形成氏族、部落、部落联盟，直至最后国家的出现，有了国家，就有了阶级，有了奴役和被奴役的关系，有了一部分人镇压另一部分人的暴力机器，警察、军队、监狱、法律就出现了。而在自然人那里，是没有法律的，人们是无拘无束的，是自由的，就像《西游记》中的花果山，不服麒麟辖，不归凤凰管，也不受人间帝王约束，花果山的猴子可以看作是自然人的缩影。

在自然状态中任何人都是平等的。卢梭对这种生活充满了向往和浪漫主义式的歌颂，卢梭说："在不谈情说爱的地方，美貌有什么用？对不会讲话的人来说，才思有什么用？根本就不与人打交道，干吗要玩弄诡计？我经常听见有些人说什么强者压迫弱者；我倒很想请他们给我讲一讲'压迫'这个词的含义是什么。某些人实行暴力统治，而另一些人在他们任意奴役下呻吟：这种情况，在我们中间，我却曾见过。可是，我不明白怎么能据此就说野蛮人中间也有这种情形呢？何况什么叫'奴役'，什么叫'统治'，这两个概念野蛮人就从来没有过。"② 自然人不需要诡计，不需要猜忌，也不懂奴役，卢梭所构建出来的自然状态的人的生存状况，正和

① 卢梭．论人与人之间不平等的起因和基础［M］．李平沤，译．北京：商务印书馆，2007：81-82.

② 卢梭．论人与人之间不平等的起因和基础［M］．李平沤，译．北京：商务印书馆，2007：80-81.

卢梭所生活的巴黎社会形成对比。卢梭所生活的社会，正是路易十六统治时期，国家表面繁荣，实际危机重重，资产阶级和贵族暂时达成了妥协，强调中央集权，重视商业，维护统一的市场，这些暂时缓和了社会矛盾，但是，资产阶级和农民、手工业者始终处于无权和被压迫的地位，教士和贵族飞扬跋扈，这正是资产阶级革命爆发的前夜。卢梭已经感觉到了时代的变化，于是开出了一剂救赎社会的良方，就是回到过去，回归自然人生活的时代。卢梭之后，生活在都市的野蛮人成为一种时尚，而罗伯斯庇尔正是行走中的卢梭，在法国大革命中，践行了卢梭的社会理想。卢梭的自由思想，影响了法国大革命和后来的美国革命，他认为自由是一种天赋人权，是与生俱来的、上帝赋予的一种权利，是任何人不能剥夺的。

自然人的自由是平等的，也是绝对的。自然人的自由不仅与自身是和谐的，而且也不与任何人发生冲突，他是一个完全独立的平等的人，他是幸福的。“人的幸福等同于他的自由。”① 这是一个真正个人的自由和幸福。卢梭在这里将自由和人们的幸福联系起来，并在二者之间画上了等号，自由的人就是幸福的人。卢梭认为，孩子和成年人为什么会幸福，是因为他们能够满足自己的需要，而儿童的幸福和成年人的幸福是有区别的，儿童受到自己体力弱小的限制，只有当他体格足够健壮、能够满足自己的需要、自由地做自己想做的事情时，才是自由的，因此，真正的自由存在于成年人那里，儿童只有自由的愿望，但他的自由是受限制的。这就是自然状态中的自由，儿童的自由与自然人的自由是相似的。

（二）市民社会的自由——受限制的自由

市民社会的自由就是社会状态下的自由。卢梭在给马勒赛尔伯先生的信（1762 年）中对自己退隐的原因作了解释：

---

① 普拉特纳．卢梭的自然状态：《论不平等的起源》释义［M］．尚新建，余灵灵，译．北京：华夏出版社，2008：92.

那么，这种原因究竟是什么呢？它不是别的，而仅仅是一种什么也战胜不了的，不可征服的自由思想。在这种思想的面前，荣誉、财产甚至名望对我来说都算不了什么了。确实，这种自由思想与其说来自倨傲，不如说来自慵懒。……一句话，我所需要的那种幸福，不是做我要做的事，而是不做我不愿意做的事。[①]

卢梭对自由进行了向往，认为自由不可征服，高于荣誉、财产、名誉，和幸福密切相关。卢梭所谓的自由，是一种慵懒的自由。可见，这种自由是和自然联系在一起的，是可以对抗理性的自由。

卢梭认为市民社会人们的自由是受到极大限制的，只是部分的自由，不是绝对的自由。而“这一欲望与责任之间的矛盾，自私自利与要求社会生活的矛盾，当然在自然状态下是不存在的……”[②]。在自然状态中和在市民社会中人的境况是截然不同的，“所有人生来是平等的，然而，他们生活于其中的市民社会，其特征则是不平等，一些人听命于另一些人”[③]，人们的自由受到了限制。卢梭的深刻之处就在于，当同代人沉浸于知识理性带给人类的美好前景的欢乐时，他就已经清醒地看到了这一美景的虚幻性。当同代人在忙着启蒙时，他却以前瞻的眼光开始了对启蒙本身的反思。卢梭在《社会契约论》第一卷第一章的首句说道：“人是生而自由的，但却无往不在枷锁之中。”[④] 人们在自然状态下是完全自由的，自人类诞生之后就是如此，而当人们进入社会状态，即市民社会之后，就会发现人类是不自由的，无往而不在枷锁当中。理性在照亮了人的同时也在遮蔽人，

① 卢梭．卢梭自选书信集［M］．刘阳，译．南京：译林出版社，1997：58-59.

② 普拉特纳．卢梭的自然状态：《论不平等的起源》释义［M］．尚新建，余灵灵，译．北京：华夏出版社，2008：92.

③ 普拉特纳．卢梭的自然状态：《论不平等的起源》释义［M］．尚新建，余灵灵，译．北京：华夏出版社，2008：78.

④ 卢梭．社会契约论［M］．何兆武，译．北京：商务印书馆，2008：4.

它把人从神学的束缚中解放出来，却又给人套上新的枷锁，同样限制了人的自由。“卢梭是批判资产阶级社会的第一个伟大的现代（modern）批判者。他攻击新兴的资产阶级，并非为贵族或教会招魂；与他争吵不休的那些哲人（philosophes），论及反对封建主义原则，没有哪一个比卢梭本人更坚决。卢梭反对资产阶级社会，恰恰是为了这种社会本身的诉求——自由与平等。”① 卢梭向往自然状态的自由，是为了以自然状态的自由为观后镜来反观现存的巴黎社会，而并不是要开历史倒车，回到人类的远古社会，更不是在替旧贵族和僧侣阶层辩护。

在卢梭看来，新兴的资产阶级奉若神明的理性，以及建立在理性基础上的文明社会，是对人的压抑，是对人自由本性的剥夺。“卢梭在一论和二论中对‘文明’的攻击，直接指向霍布斯和洛克所赞成的社会模式，这种社会以艺术、工业、商业与奢华为特征。”② 霍布斯认为，绝对自由人只存在于自然状态中，而在这种状态中绝对自由实际上无法实现，在自然状态下无法保障人们的生存权，而生存权是实现自由的前提。国家专制的建立就是为了保障个人的生存权，因此，专制下的有限自由才是现实的。洛克是西方自由主义学说的始祖，其自由理论体现在他的自然法、自然权利、社会契约理论中，他主张建立契约来结束一切人反对一切人的战争状态。卢梭认为霍布斯和洛克的社会模式的最大弊病是没有为共同体提供一个公共利益（即卢梭所说的公意），大家相互竞争，把竞争放在第一位，把同胞的利益放在第二位，社会只能靠个人的善良意志来维持，重视个人利益和个人权利，而忽视集体利益。

来自个体自身的欲望也使人处于自由的消极状态。“如果一个人的需要超过了他的力量，这个人即使爱怎样做就怎样做，他也是得不到快乐

① 普拉特纳．卢梭的自然状态：《论不平等的起源》释义［M］．尚新建，余灵灵，译．北京：华夏出版社，2008：5.

② 普拉特纳．卢梭的自然状态：《论不平等的起源》释义［M］．尚新建，余灵灵，译．北京：华夏出版社，2008：91.

的；生活在自然状态中的孩子就是这个样子。即使在自然状态中，孩子们也只能享受部分的自由，正如成年人在文明状态中也只能享受部分自由一样。”① 在卢梭看来，个人的自由不能超过自己的能力，如果超过了，就是不自由的。自然状态的孩子和文明状态的成年人都是这样，自然状态的孩子想自由，但是力量不够，因此他是部分自由的，而文明状态的成年人也一样，也要依赖他人才能存在。文明状态的成年人和自然状态的孩子是一样的，文明状态的国王、富人都是如此，他们的自由都是有限的，因而，市民状态的自由总是受限制的，处在枷锁当中。

（三）契约社会的自由——自律的自由

卢梭用历史的眼光探索了人在自然状态下的自由平等的幸福，同时考察了不平等的起源以及强权政治的不合法、不合理。他不仅是在批判社会的不自由不平等，更是在探寻如何把自然状态的自由平等转化为社会状态下的自由平等。他提出按照契约建立社会，以法律的形式把公意固定下来。在这样的契约社会里，人人都是自由平等的，人们按照法律行事，也就是按照自己的心意行事。这是真正公民的自由。卢梭说：“当人们的个人意志与公意一致时，人们就享有公民自由和天然自由的最大可能的结合。当人完全社会化时，即当他最彻底地转变或‘改造’自身时，他就最自由。”② 卢梭认为自然状态的自由是绝对的，是平等的，人们可以按照自己的需要和欲望行事，这种自由甚至超过了霍布斯所说的自由，但这种自由不是真正的自由。只有个人意志和共同体的意志（即公意）相一致，公民的自由和天然状态的自由达到最大可能的结合，二者出现了交集，这时的自由才是真正的自由，这时的自由就是契约社会下的自由，即公民社会的自由。

① 卢梭．爱弥儿［M］．李平沤，译．北京：商务印书馆，2007：82.

② 普拉特纳．卢梭的自然状态：《论不平等的起源》释义［M］．尚新建，余灵灵，译．北京：华夏出版社，2008：94-95.

“卢梭天然的自由和公民的自由两个概念之间的联系是什么？首先，我们可以说，像天然的自由一样，公民的自由就是不受他人的意志所左右。生活在战争状态下，一个人会被迫服从于比他强的个人意志，而进入政治社会，一个人就给自己带来了接近于人们在真正自然状态下所享有的自由。由于他完全服从政治社会的法律规定，作为公民他就摆脱了所有‘人身依附’。”① 也就是说，天然的自由，是生活在战争状态之下，人们会屈服于某种强力，例如，在原始社会，人们的自由会屈从于部落首领、氏族贵族，因而不是真正的自由。进入契约社会以后，人们形成某种契约，将权利让渡给法律，希望法律来维护公民的自由，公民的自由是所有公民天然状态自由的交集。

卢梭区分了两种隶属：物的隶属和人的隶属。人受制于自然，人隶属于自然，这是合理的，它不损害人的自由。但是，人隶属于人是不合理的，这是对人的自由的剥夺，是一切罪恶的根源。契约社会就是让人隶属于公意的契约，即法律，人人隶属于法律，从而摆脱了人隶属于人的奴役状态，进入人人自由平等的状态。正如卢梭所说：“有两种隶属：物的隶属，这是属于自然的；人的隶属，这是属于社会的，物的隶属不含善恶的因素，因此不损害自由，不产生罪恶；而人的隶属则非常紊乱，因此罪恶丛生，正是由于这种隶属，才使主人和奴隶都互相败坏了。”② 卢梭希望用公意来弥合人的隶属和物的隶属之间产生的矛盾，只有在契约社会下，人的隶属才会转化为物的隶属，才会有利于自由，消弭罪恶，这种自由要靠共同体的力量来执行。只有在契约社会，公民才能实现真正的自由。契约状态下的自由是以牺牲个人的自由权利为基础的，把自己交给国家，认为共同体可以代表自己的利益。

---

① 普拉特纳．卢梭的自然状态：《论不平等的起源》释义［M］．尚新建，余灵灵，译．北京：华夏出版社，2008：93.

② 卢梭．爱弥儿（上）［M］．李平沤，译．北京：商务印书馆，2007：82-83.

总之，“生来自由平等的人没有义务服从他人，除非这种服从为他们自己所同意”①。契约可以消除人的隶属带来的负面影响，契约社会保证了人人享有与生俱来的自由。安全只是幸福的必要前提，自由才意味着人的幸福。“如果政治社会与人类幸福不矛盾，那么，它必须不仅为人类的安全提供保障，也为人类的自由提供保障。”② 契约社会的自由是卢梭的自由的最高境界，这种自由只能在公民社会实现，但这种自由是一种自律的自由，是一种道德的自由，完全靠个人的自由意志保证，这样才能实现人类的持久幸福。

三、“自由”与美育

（一）美育是“自由”的必由之路

卢梭在其著作中论述了自然状态的自由、市民社会的自由和契约社会的自由：自然状态的自由是天生的自由，市民社会的自由是社会状态的自由，契约社会的自由是自律的自由。我们已不愿也无法回到远古的绝对自由，即自然状态的自由；但是自然状态的自由不会自发性地实现自律的自由。席勒说：“that until man，in his physical and sensuous modes of being，has been accustomed to the laws of beauty，he is not capable of perceiving what is good and true—he is not capable of spiritual liberty. ”③（“直到人类，在客观上和感性的存在方式上，已经习惯了美的规律，他才能够感知到什么是善和真——才具备精神自由。”）席勒清楚地表达出实现自律的自由的基础和前提是美，美育成了无可替代的必要的手段，也是从自然自由通向自律自由的必由之路。

实际上在席勒之前，柏拉图早就提出美育的重要作用：“that an

① 卢梭．论人与人之间不平等的起因和基础［M］．李平沤，译．北京：商务印书馆，2007：78.

② 普拉特纳．卢梭的自然状态——《论不平等的起源》释义［M］．尚新建，余灵灵，译．北京：华夏出版社，2008：92.

③ Herbert Read. Education through art［M］. London：Faber and Faber，1945：278.

aesthetic education is the only education that brings grace to the body and nobility to the mind, and what we must make art the basis of education..."① ("审美教育是唯一使身体优美和心灵高贵的教育，所以我们必须使艺术成为教育的基础……")

卢梭的思想是一个严密的体系。它不仅在哲学层面为人类描绘出理想的蓝图，还为人类展示出到达这一理想境地的途径。他在《爱弥儿》这部著作中，借爱弥儿这一象征性的意象从出生的自然状态到融入社会的过程，即变成卢梭理想意义上的公民的过程，阐释了他的美育思想。卢梭上接柏拉图，下启席勒，强调了美育对教育、对个体、对社会的重要意义。

卢梭本人是一个对美有着高度敏感和自觉的人。卢梭在致德·马勒塞尔伯先生的信中写道："染料木的金黄、欧石楠的绛紫，令我目不暇接，为它的繁盛而激动不已；参天的大树以浓荫遮蔽着我，精致、细雅的灌木包围着我；脚下的花草姹紫嫣红，争奇斗艳，紧扣我的心弦!"② 卢梭被自然的美景所吸引、"激动不已"，感到"有趣"、陶醉，就像南朝时期的宗炳"畅神"山水，这是心灵对自然的一种自由观照，即审美。"当我从长时间的和宁静的遐想中醒来时，发觉我自己被鲜花、鸟和绿荫团团包围起来，……但我终于认识到我自己和我周围的一切，我真不能猜出虚构与现实的区分之点在何处……。"③ 卢梭对自然美的陶醉和欣赏，反映了他是一个懂美、热爱美、追求美的思想家和教育家。

（二）自律的自由是美育的一种理想境界

卢梭认为自由是每个人与生俱来的权利，是人之为人的根本特点，对人的本质做出了重新界定。他反对任何专制和压迫，抨击造成人与人不平等的社会。他的这种政治思想同样融汇在他的教育思想中。卢梭认为每个

① Herbert Read. Education through art [M]. London: Faber and Faber, 1945: 277.

② 卢梭．卢梭自选书信集［M］．刘阳，译．南京：译林出版社，1997：69.

③ 罗曼·罗兰．卢梭生平和著作［M］．王子野，译．北京：生活·读书·新知三联书店，1993：62.

人都有成为自己的自由和权利，因为每个人都有自己的原型。他在传记中写道："虽然我不比别人好，至少和他们不一样。大自然塑造了我，然后把模子打碎了，……。"① 每个人都是独特的"这一个"，教育的首要目的是把每个人培养成"应是"的人，而不是强迫他成为某方面的专家或工具。他的自由观不仅体现在教育的目标中，还体现在具体的教学活动中。他强调教育要尊重每个人的天性，还要顾及每个人不同阶段的身心特点，尊重人的天性和合理的欲念。在教育活动中处处让人感到自主和自由，教育就是因材施教，尊重每个个体的差异。而且，即使同一个人在不同的人生阶段，由于身心发展的特点不同，所采取的教育方式也要不同。教育要配合人的这些内在天性特点，而不能强迫个体去配合外部的要求和目标。他的教育思想，颠覆了西方因循千年的教育理念和成规。他的教育思想体现出合规律性与合目的性的统一，这种教育超越了庄子说的"技"的层面，达到了庄子所谓的"道"的境界，即美的境界，这种教育就是美育。

卢梭不是一个教育实践家，而是一个思想家，他并没有提出一套系统的教育理论，只是为后来的人们描绘了一个教育的理想，就如同柏拉图的政治理想国，卢梭描绘了一个教育上的理想国。后来，一代又一代的人们从中得到启发，吸取精神的营养。卢梭的教育理想国只是为人们指出了一个大致的方向，并没有具体的方法。对自由的追求，是卢梭美育的理想境界，其目的是培养具有自由品质的理想社会的公民。

卢梭的美育思想不是表现在具体方法层面，而是体现在哲学层面。《爱弥儿》是卢梭的一部教育哲学著作，体现着卢梭的美育思想。在这部著作中表现了卢梭以下的美育思想：第一，儿童的教育要从感性教育开始。遵循学生生长的自然客观规律施教，既不压抑学生的个性，又不揠苗助长、急于求成，同时，学生获得的知识是真实而有用的知识。第二，感

① 卢梭．忏悔录（第一部）[M]．黎星，译．北京：人民文学出版社，1980：1.

性教育要以艺术作为基础。教学活动体现出和谐，所以爱弥儿总是学得快乐、学得自由。卢梭的自由，是美学上的自由。“那么什么叫自由？在美学上就是合目的性和合规律性的统一。”[①] 卢梭关注人的幸福，在他看来，幸福离不开人的自由意志，在《爱弥儿》中，他以此为准绳来决定教给爱弥儿的知识是不是有用的。“只有自己实现自己意志的人，才不需要借用他人之手来实现自己的意志；由此可见，在所有一切的财富中最为可贵的不是权威而是自由。这就是我的第一个基本原理。只要把这个原理应用于儿童，就可源源得出各种教育的法则。”[②] 卢梭培养的是真善美和谐统一的人，这样的人以自己的自由意志行事，而不是按照他人的自由意志行事。人们最可贵的精神财富是自由。所谓启蒙运动，就是人类摆脱自己加之于自己的不成熟状态，或者说对摆脱自己所加给自己的不成熟状态的障碍也逐渐地减少了，摆脱自己监护人的控制，人类由此而从童年时期进入成年状态。卢梭的美育，是为了培养理想社会的公民而设的。

第二节　自　然

“自然”和“自由”一样，是卢梭作品中很重要的概念。卢梭以“自然”为参照，反省文明，质疑现代性。卢梭所说的“自然”显然不同于17世纪新古典主义者布瓦洛所强调的理性化的、文明化的“自然”。本节主要论述卢梭“自然”的思想来源，梳理卢梭作品中“自然”的内涵，以及卢梭的“自然”与其美育思想的关系。

一、“自然”的溯源

自然，广义上指的即是自然界、物理学宇宙、物质世界以及物质宇

① 檀传宝：《浪漫：自由与责任——我迄今为止的教育学术旅程》，第5页。本文为2010年春为北京师范大学教育学博士课程“教育基本理论前沿”的演讲记录，录音整理者为梁明月博士。

② 卢梭．爱弥儿［M］．李平沤，译．北京：商务印书馆，2007：80-81.

宙。狭义的“自然”指的是自然界的现象，以及普遍意义上的生命。自然通常与超自然分别开来。自然的规模小至次原子粒子，大至星系。现在通常认为自然是一切事物的总和的概述。自然的用法因为现代科学方法在几世纪前出现而确立。这里的自然是外在的自然，类似于自然界。

（一）古希腊罗马的自然学家们的自然观

苏格拉底以前的哲学基本上都是自然哲学。古希腊哲学家们的自然观着力于对宇宙的探讨，这里的“自然”是自然界的意思，是一种外界的自然。这一时期的自然哲学家具有科学精神，是为了寻求宇宙的本源，许多自然哲学家本身就是科学家。此时自然的含义类似于中国哲学中的“天”的意思。赫拉克利特继承米利都学派的观点，认为任何事物都包含着对立面，他认为，自然也追求对立的东西，它是从对立的东西中产生和谐，而不是从相同的东西中产生和谐。毕达哥拉斯学派把“和谐”视为世界上最美的东西，认为最美的东西是“数”，“数”反映了一定的秩序。

爱利亚学派的存在哲学回答了世界的本源问题。巴门尼德提出“存在”范畴，对世界本源加以概括。德谟克利特的原子论是古希腊自然哲学的最高成就，强调一切都由必然性而产生，但是德谟克利特割裂了必然与偶然的联系。德谟克利特的原子论为近代自然科学的发展指明了方向。

亚里士多德批评德谟克利特的自然观，认为他忽略了目的因，把自然界的一切作用都归之于必然。亚里士多德在《物理学》中把“自然”定义为“运动和变化的本源”。自然界是运动和变化着的，运动和变化的事物就是自然。亚里士多德认为，自己如此的事物，或自然而然的事物，其存在的根据、发展的动因必定是内在的。因此“自然”就意味着自身具有运动源泉的事物的本质，“本性就是自然万物的动变渊源”（《形而上学》），从而从原始的“自然”含义引申出作为自然物之本性和根据即“存在”本身的自然概念。亚里士多德为了突出自然哲学的地位，把“存在的事物”分为两大类：一类是“由于自然而存在”的事物，另一类是

“由于别的原因”而存在的事物。在这里，亚里士多德的“自然”概念具有科学的性质，是外界自然的一种自然，是事物固有的运动能力和内在本质的特性。

亚里士多德之后，伊壁鸠鲁和卢克莱修继承了德谟克利特的原子论。伊壁鸠鲁的自然观进一步丰富了德谟克利特的原子说，提出原子运动偏斜说，纠正了德谟克利特的必然性学说，给偶然性以一定的地位。卢克莱修写出了《物性论》，以原子论为基础，说明自然现象，批判当时盛行的宗教迷信，他被马克思称为“真正罗马的史诗诗人”。卢克莱修认为物质的存在是永恒的，提出了“无物能由无中生，无物能归于无”的观点。他反对神创论，认为宇宙是无限的，有其自然发展的过程，只要人们懂得了自然现象发生的真正原因，宗教偏见便可消失。同时，卢克莱修承认世界的可知性，认为感觉是事物流射出来的影像作用于人的感官的结果，是一切认识的基础和来源，驳斥了怀疑论。

综上所述，古希腊罗马哲学家们的自然观主要着眼于自然的科学性质。最早的这些自然哲学家中有许多本身就是科学家，这里的自然类似于运动、物质、必然规律，带有极强的唯物主义色彩，主要是为了探求世界的本源，在一定程度上可以和“自然界”“宇宙”“物质”等同。

（二）霍布斯的“自然状态”

最先把“自然”概念引进哲学领域的是霍布斯，霍布斯提出了“自然状态”。霍布斯的哲学是关于物体的科学，物体分为自然物体和人工物体，自然物体是自然的作品，人工物体则是意志和契约造成的。前者产生自然哲学，后者产生公民哲学。霍布斯认为，“自然状态”是这样的一种状态：“人在公民社会之外的状态。”霍布斯的“自然状态”是和公民社会相对的。霍布斯的“自然状态”有四层含义：第一，人在公民社会建立之前的状态，也就是文明社会之前的状态；第二，不同公民社会成员彼此发生关系的状态；第三，人在其共同的公民社会瓦解之后的状态；第四，主权国家彼此发生关系的状态。但是霍布斯的通常意义的“自然状态”指的是第一层含义，也就是人在文明社会之前的状态。这种自然状态是人类的一种前文明的状态，人们为了维护自己的个人权利而相互争斗，人们之间没有达成契约，没有法律的约束，是弱肉强食的状态，人们会屈从于某种外力。霍布斯认为人性是恶的，处在自然状态中的人们，为了一点点利益，就会互相攻击、互相猜忌、相互争抢。总之，自然状态是“一切人反对一切人”的战争状态，“他列举了引起普遍争斗的三个原因：竞争、猜忌（即恐惧）和荣誉（即骄傲）”①。他认为，造成人们相互争斗的原因在于人性恶，人有欲望，就会相互竞争、猜忌，同时产生骄傲心理，发现自己优于别人的地方。在中国古代，荀子认为人性是恶的，故要以礼法来约束人性恶的方面。而霍布斯则主张用社会契约和法律来结束这种人性恶的局面，这和荀子有相通之处。因此，霍布斯主张建立强有力的国家政权，来约束人们的私利益，从而结束一切人反对一切人的无政府状态。

（三）卢梭对霍布斯的批判

卢梭认为霍布斯把社会状态误当作了自然状态。卢梭认为霍布斯回溯的不够，把社会状态的人当成了自然状态的人，并且霍布斯所列举的自然状态中相互战争的三个原因是社会状态下才会出现的。卢梭进而针对引起战争的三个原因——竞争、猜忌和荣誉进行了分析。

竞争在自然状态中缺乏动力和根据。原始状态的人是孤独和愚昧的。生长在原始森林中的自然人独来独往，由于地广人稀，人们也很难相互遇见；没有语言，无法交流。更为重要的是，“卢梭与霍布斯真正的不同，不在于大地为人类提供的野草和橡子是否充实，而在于依赖这类食物的人类是否满足”②。也就是说，人类的欲望决定了人类对野草和橡子的需求，

① 普拉特纳．卢梭的自然状态：《论不平等的起源》释义［M］．尚新建，余灵灵，译．北京：华夏出版社，2008：53.

② 普拉特纳．卢梭的自然状态：《论不平等的起源》释义［M］．尚新建，余灵灵，译．北京：华夏出版社，2008：55.

而不是由大地提供的橡子和野草的数量所决定，即使大地提供的少，可是人类的欲望低，那么他的需求就小；即使大地提供的丰盛，可是人的欲望无穷大，再多的提供也不能满足人的需要。而自然状态中的情况是，大自然物产丰富，“橡子和野草”非常富足，人只有保存身体生存的需要，而人类与逸乐相关的器官还不发达，人的欲望极容易满足。“一般来说，如果自然人的欲望局限于简单的生理需要，那么自然状态就不会使人们陷入相互间的战争。就人类而言，短缺不是绝对的；短缺只是与我们的欲望有关。”① 因此，在卢梭的自然状态下，竞争缺少动力和根据，人们只想维持生存，不想追求过于奢侈的生活。同样性也是如此，只有当人们进入文明社会以后，人们才产生了竞争的心理，才产生了对美貌的追求。因此，卢梭认为，在自然状态下，不会发生一切人反对一切人的战争状态的事情。

猜忌或恐惧在自然状态中也没有存在的基础。猜忌或恐惧主要来自人与人之间的竞争或战争状态。而在自然状态中，人们处在自我满足的状态，人和人之间相遇的可能性非常小，人只关心自己，不会关心对方，就没必要猜忌或恐惧对方。自然状态中的人没有理性，不能瞻前和顾后，也不能比较和推理。所以猜忌和恐惧也就没有了基础。

荣誉感的基础是理性的产生和社会群体的出现，而在自然状态，荣誉感没有存在的心理依据。荣誉感与人的自尊心密切相关，人的自尊心是在社会群体出现后的一种心理现象。在社会群体中，人们希望得到别人重视，受到尊重。这样的一种心理活动就包含了比较的智力活动，而比较是人的理性产生之后才会出现的一种智力活动。马斯洛提出了需要层次理论，认为人类有五种需要：生理上的需要，安全上的需要，情感和归属的需要，尊重的需要，自我实现的需要。这五种需要如同阶梯一样，是逐步增加的。另外，还有两种需要是求知需要和审美需要。这两种需要未列入

① 普拉特纳．卢梭的自然状态：《论不平等的起源》释义［M］．尚新建，余灵灵，译．北京：华夏出版社，2008：55.

五种需要之中，他认为这两种需要介于尊重的需要和自我实现的需要之间。人的最基本的需要是生存的需要，即最基本的衣、食、住、行的需要；当第一层次的需要得到满足之后，才会有安全上的需要；接下来是第三层次的需要，是爱的需要，希望得到别人的爱；第四层次的需要，是尊重的需要，希望得到别人的尊重；第五层次的需要，是自我实现的需要。在自然状态中，人只有自爱的情感，最多处于马斯洛需要层次理论的第三层次，还没有达到尊重的需要，更谈不上自我价值的实现。在这种情况下，人们没有理性，不能进行比较。所以，在自然状态下，荣誉感也没有存在的基础。在自然状态下，人们只立足于满足生理上的需要和安全的需要，根本谈不上爱的需要、尊重的需要、求知的需要、审美的需要和自我实现的需要。

（四）卢梭提出新的自然观的来源和依据

卢梭提出新的自然观的根源在于，自然状态的人是善的。这里的善并不是指向道德的善恶，而仅指自然状态的人性情温和。道德的善恶是伴随着社会的出现而产生的，自然状态的人没有道德或善恶的观念。卢梭的自然状态是和平的状态，而不是霍布斯所说的战争状态。这是源自原始人的孤立愚昧、欲望的低下和容易满足，源自原始人对他人的漠不关心。那么卢梭是从何处得到有关自然人的基本知识呢？在阐释这个问题之前，我们先来看看霍布斯是如何获得关于自然人的知识的。

霍布斯关于自然人知识的获得采用的是推己及人的方法，这里的“己”既包括他自己，也包括他同时代的人。也就是说，霍布斯是通过自己对他人，或者通过同时代的人与人之间的关系来推测自然状态下的人的。他采用的基本途径是“根据情感做出的推论”①。霍布斯在《利维坦》的绪论中说，“认识你自己，就能了解他人”。人同此心，心同此理，人人

① 普拉特纳．卢梭的自然状态：《论不平等的起源》释义［M］．尚新建，余灵灵，译．北京：华夏出版社，2008：58.

都有共同感，别人的想法和情感是与自己相似的，洞察了自己的内心，就能了解别人，了解别人在面对类似情况时的类似想法。霍布斯根据市民社会的文明人的情感经验，从情感的角度来推测自然状态的自然人。霍布斯把文明状态的人“锁门锁箱子”的举动，作为他情感论证的依据。人们之所以锁门锁箱子，是为了保护自己，同时也是为了防范别人，这是对别人的不信任、猜忌或者恐惧等情感的表现。如果人性是善的，人人为善，这些举动就显得多余。

卢梭在他的《论人与人之间不平等的起因和基础》开篇的卷首语中抄录了亚里士多德《政治学》里的句子：“凡属于自然的东西，我们就不要在天性已经败坏的人身上寻找，而应当在行事合乎自然的人身上去寻找。”① 由此可以看出，霍布斯的失误是他在已经变质的自然人——社会化的人性中寻找“自然人”的特征，他所找到的“自然人”仍然是“社会人”，并不是真正的自然状态下的自然人，而是现实社会中的社会人的变形。“卢梭的自然状态，特别是他的纯粹的自然状态又不同于其他哲学家的自然状态概念，主要是因为他坚持未开化的人或野蛮人与文明人之间存在根本的区别。”② 可见，卢梭的“自然人”是相对于“文明人”而存在的，在“自然人”那里有的东西，在“文明人”那里是缺失的，这正是文明起于“伪”的表现。

卢梭不同意霍布斯的自然状态说，他认为霍布斯的主要错误在于把满足欲望的需要不适当地掺入野蛮人对自我保全的关注中，其实这些欲望是社会发展的产物，出现于文明社会。正是由于这些欲望，才产生了法律。霍布斯相信某些社会情感是天生的，因此他会把自然状态误解为战争状态。要想分辨人性中哪些是自然的东西、哪些是人为的东西，并不是一件

---

① 亚里士多德．政治学（卷一）．转引自：卢梭．论人与人之间不平等的起因和基础［M］．李平沤，译．北京：商务印书馆，2007：17.

② 古热维奇．卢梭纯粹的自然状态．转引自：普拉特纳．卢梭的自然状态：《论不平等的起源》释义［M］．尚新建，余灵灵，译．北京：华夏出版社，2008：127.

容易的事情。卢梭试图用人类最初的自然状态来审视目前的状态，从而建构未来更加美好的自然状态。卢梭回到人类发展的起点，对理性进行反思，目的是为当时的法国社会开出一剂救赎的药方，让人们摆脱尔虞我诈的状态，从而进入未来的公民社会。

那么，卢梭是如何获得关于自然人的知识呢？本书在这方面借鉴了普拉特纳的研究成果。普拉特纳指出，卢梭对自然人的描述，一方面运用了抽象的分析方法，把“人所形成的人”和“自然人”加以比较，把在‘人所形成的人’身上能借社会交往、环境和教育的影响加以说明的性质剔除，并由此推断剩下的就是人的原始本性。这样，“自然人”的概念实质上成了被抽去了任何社会属性的形而上学的抽象。另一方面，卢梭也参考了当时人类学、博物学的成就，以及商人、水手、传教士和旅行家关于野蛮民族的游记，这就赋予他的描述以一定程度的事实基础和生动性①。可见，卢梭的“自然人”是抽象的形而上学的人，是减去了人的社会属性的人与当时人类学、博物学的成就和商人、水手、传教士以及旅行家笔下野蛮人的融合体。在这里，“自然人”仍然是卢梭的一种推论、一种假设，是相对于“文明人”而言的。那么卢梭笔下的“自然人”的最初状态也应该是一种假设和推论吧。而关于卢梭的“自然状态”的论述，学者们的意见并不一致：第一种观点认为，卢梭描绘的是原始初民的一种状况；第二种观点认为，卢梭的“自然状态”只是一种假设和推测性建构；第三种观点则认为，卢梭在这个问题上陷入了混乱，处于犹豫不决的状态。而认为卢梭的“自然状态”确实存在的学者，试图从卢梭的著作和人类学资料以及卢梭同时代人的著作中寻找证据。

对于自然状态是否是历史的真实存在，卢梭在其《论人与人之间不平等的起因和基础》的序言中坦言：“要分辨人的天性中，哪些是原有的东

① 王树人，李凤鸣．西方著名哲学家评传（第五卷）［M］．济南：山东人民出版社，1984：193-194.

西，哪些是人为的东西，而且能很好地描绘现在已不复存在，而过去也许根本没有过、将来也永远不会有的状态，并不是一种轻易的事情，然而，我们必须对这种状态有一个正确的概念，才能很好地审视我们现在的状态。”① 也就是说，这种自然状态的人，并不是一种历史的存在，只是卢梭有感于社会人的堕落而作的一种虚构。“现在已不复存在，而过去也许根本没有过、将来也永远不会有的状态”，这些模棱两可的语言传达出了卢梭自己对这种自然状态是否真实存在的不确信。果真如此？古热维奇（Gourevitch）曾在他的《卢梭纯粹的自然状态》中提醒人们：研读卢梭的作品要注意其修辞和表达方式的设计，“他（迈尔）通过导论以及全书的大量注解提醒人们，卢梭及其同代人写作，面临着国家与教会审查制度的威胁，并指出文本中明显受威胁影响的几段文字”②。那么要触摸到卢梭的真实意图，体会到他藏在字里行间的真实用意，还要注意当时法国严酷的社会环境——宗教统治者是决不允许跟基督教冲突的思想流行的，注意在特定的历史环境中修辞和表达的策略。所以我们在研究卢梭的文本的时候，要充分考虑到卢梭写作的时代背景。

再来看一看卢梭在《论人与人之间不平等的起因和基础》引言中的表述：“尽管在我们大多数学者的头脑中从未怀疑自然状态曾经存在过，但一读《圣经》就发现，第一个直接从上帝那里得到智慧和训诫的人，他自己就没有在这种状态中生活过；如果我们都像基督教的哲学家那样相信摩西的著述的话，那就不能不认为大洪水发生之前的人类不是处于纯粹的自然状态，如果一定要说他们是的话，那也是由于某种特殊的情况使他们陷

① 卢梭．论人与人之间不平等的起因和基础［M］．李平沤，译．北京：商务印书馆，2007：34-35.

② 普拉特纳．卢梭的自然状态：《论不平等的起源》释义［M］．尚新建，余灵灵，译．北京：华夏出版社，2008：11.

入这种状态的：这种怪论，很难令人信服，而且没有办法加以证实。”① 卢梭把《圣经》中的教义看作事实，而把对“自然状态”的探讨看作假设、猜测和推论，那么，卢梭在“假设”和“猜测”的框架中探讨“自然状态”，应该与基督教的教义没有冲突。卢梭仅是为了规避基督教的教义而采用了特殊的修辞，还是真的把他的探讨纳入假设和猜测的框架之内呢？

普拉特纳曾经就这个问题进行了相当细致的考察和论证：“围绕这一主题，无论卢梭的真实观点是什么，他都怀抱强烈的动机，将自己的自然状态说当作纯粹的假设——不然的话，他便与权威神学教义相冲突。倘若卢梭公开承认，他的自然状况说揭示的是历史真相，实际上就等于宣称，他不相信《圣经》的教诲。在基督教教义问题上，冒犯教会的权威究竟面临什么危险，只要看看卢梭出版《爱弥儿》和《社会契约论》之后所遭受的种种磨难和迫害，也就清楚了。”② 普拉特纳认为，卢梭把“自然状态”当作一种假设，是为了逃避教会的审查，使的是障眼法，采用的是一种修辞的手法，否则，他就会被投入到巴士底狱，《爱弥儿》和《社会契约论》出版之后卢梭所遭受的迫害就是一种明证。

基于卢梭自己的论文的内容、写作方法及大时代的修辞等，普拉特纳最后令人信服地推断出：“卢梭断然肯定，即便他那个时代，也有人依然生活在原始的自然状态，由此提供确凿的证据，证明他将二论描述的自然状态看做近似事实的、历史的叙述。”③ “自然状态”在卢梭的著作中是一个很重要的概念，自然状态是一个历史状态，是指人类最初的原始状态。如果说卢梭的“自然状态”是对历史近似的描述，那么他又是如何获得有

① 卢梭．论人与人之间不平等的起因和基础［M］．李平沤，译．北京：商务印书馆，2007：46-47.

② 普拉特纳．卢梭的自然状态：《论不平等的起源》释义［M］．尚新建，余灵灵，译．北京：华夏出版社，2008：18-20.

③ 普拉特纳．卢梭的自然状态：《论不平等的起源》释义［M］．尚新建，余灵灵，译．北京：华夏出版社，2008：26.

关“自然状态”的知识呢?

除了对同时代的旅游日志描述的分析和推测，卢梭也借助对当时生活在热尔曼森林中的野蛮人的观察；另一个来源就是对动物的观察。普拉特纳说：“人的理性的发生与人的人性（humanity）的发生是同一的。在自然状态，人不过是另一种动物。”① 人是另一种历史存在，人性是随着社会的发展不断完善的。卢梭借助旅游日志中野蛮人的描述以及对动物的观察，构建了自己心中的理想人格——自然人，他试图用自然人来对抗文明之伪的社会人，以唤起他们人性中本来存在的善的东西。不管自然人是否真的存在过，卢梭主要针对的是现实社会中的邪恶的人性而言的，卢梭力图重建人性本善的理论，从而希望人们抛弃现实中的罪恶，最终实现理想社会中的一种人格。

二、“自然”的界定

后人对卢梭的“自然”做出了大量解读，在研读前人研究成果的基础上，笔者以著名的丹麦哲学史家哈格尔·霍甫丁（Harald Hoffding）的定义框架为基础，解释卢梭的“自然”的含义。霍甫丁曾提出过一种后来被广泛采用的解释，他认为“卢梭使用的‘自然’这一概念有三种含义：‘自然’的神学概念；‘自然’的历史概念；和‘自然’的心理学概念”②。卢梭常常在这三种不同意义上交错使用“自然”。所谓“自然”的神学概念，是指自然是上帝的原始作品，自然是上帝的产物，具有神圣不可侵犯的性质。所谓“自然”的历史概念，指的是人最初的自然状态，这时人的需要是很低的，类似于动物，是原始先民的生活或者卢梭当时的野蛮人的生活在卢梭头脑中的反映。卢梭在《论人与人之间不平等的起因和基础》

① 普拉特纳．卢梭的自然状态：《论不平等的起源》释义［M］．尚新建，余灵灵，译．北京：华夏出版社，2008：49-50.

② 转引自：刘箭．卢梭自然主义教育思想的渊源和背景［J］．比较教育，1989（6）：45.

中对原始状态的详尽描绘就是证明。所谓“自然”的心理学概念，指的是人性中的基本趣味和倾向，即人天生具有的一些善良的本性，卢梭把这些基本倾向在其中获得充分发展的状态称为自然状态，其目的是确立一种标准，用它作为判断文明社会的一种标尺。霍甫丁的解释是比较合乎卢梭原意的。如果再用一句话来概括，我们可以说卢梭的“自然”概念不自觉地表述了人类对“异化”现实的反思，人应该成为人，而不能成为工具，人是多面的，不是工业文明中的单向度的人。

（一）“自然”的神学概念

卢梭是一个自然神论者，他的宗教观念源于他对外部世界的感知。卢梭在认识论上是一个感觉主义者，他相信感觉比理智可靠得多。他认为对事物的感觉和外部的事物不同，而事物不依赖于感觉而存在，他认为有一个神或上帝创造了这个令人惊叹的和谐的宇宙。他看到这个世界如此和谐地运动着，他又凭感性经验推测，肯定有一个启动这宇宙运动的神，并启动了它的运动。“卢梭在写给一个贵族妇人的信中说：‘啊，夫人！有时候我独处书斋，双手紧扣住眼睛，或是在夜色昏暗当中，我认为并没有神。但是望一望那边：太阳在升起，冲开笼罩大地的薄雾，显露出大自然的绚烂惊人的景色，这一霎时也从我的灵魂中驱散全部疑云。我重新找到我的信念，我的神、和我对他的信仰。我赞美他、崇拜他，我在他面前匍匐低头’。”① 卢梭相信自然神的存在，有一个类似上帝的神创造了这一切，使大自然合目的地运动着，这里的上帝是世界第一运动力，这是卢梭认识论的表现，是西方科学主义传统的自然观的另外一种形式的表现。卢梭认为人的灵魂是不灭的，人的良心也来自天国的神圣的本能，自然是神创造的。这里的自然是自然界的意思，是外在的自然。

（二）“自然”的历史概念

自然的历史概念是指卢梭的自然状态说，是卢梭以历史的观点来追根

① 罗素．西方哲学史（下）［M］．马元德，译．北京：商务印书馆，2001：233.

溯源，考察人的自然的状态。18 世纪的法国仍然处在基督教的统治之下。基督教的原罪说告诉人们，人生来是有罪的，是恶的；只有虔诚地皈依上帝，才能救赎自己的原罪。这样的教义无疑是维护封建专制的统治工具。而卢梭的“自然状态”则认为，人在最初的状态是善的，是社会的发展带给人罪恶。也就是说，卢梭坚信以前曾经历史地存在过这种自然状态的社会。卢梭曾就《爱弥儿》被禁写信给巴黎大主教博蒙特说：“你只看到人在魔鬼的手中，我却看到人如何落入魔鬼之手。”① 为此，卢梭追溯到人类历史的源头，他发现在人类的最初阶段，即处于自然状态的时期，人虽然愚昧孤独，但是性情平和；虽然只有自爱和自保意识，但不知善的同时也不知恶，更没有作恶的念头和行动；他们是自由的，做事完全根据自己的意愿而行；他们是平等的，他们独立自由，没有压迫和奴役。人类社会的种种罪恶在自然状态中都找不到根据。这里的自然是和文明社会相对的自然，但确实存在过，更多的是西方哲学层面的自然，更多的是具有人文精神的自然。

（三）“自然”的心理学概念

苏联的阿斯穆斯认为“自然”是卢梭反省市民社会的一个参照：面对社会的种种矛盾——不公、压迫和奴役，面对社会的种种罪恶和冷酷无情，卢梭认识到社会的发展、文明的进步并没有给普通人带来幸福，反而给人们带来种种痛苦和灾难。他试图从“自然”和“文化”的对立分析中找到病因，找到一条走向人类幸福的路途。“卢梭对他那时代的社会生活的基本矛盾不是在这个矛盾的经济的、社会生活的具体形式里来认识的。这个矛盾在卢梭的认识里表现为‘自然’和‘文化’、感觉的自然的和谐的生活和伦理思维的人工造作和片面性之间的抽象的矛盾形式。‘自

① 王树人，李凤鸣．西方著名哲学家评传（第五卷）［M］．济南：山东人民出版社，1984：191.

然’和‘文化’的对立，在卢梭的第一篇论文里就已经显得极度鲜明。”① 这里卢梭的“自然”概念，是和文明相对的，是心理学意义上的“自然”，是人性中的基本趣味和倾向。类似于孟子的性善论，《孟子·公孙丑上》说：“人皆有不忍人之心。……今人乍见孺子将入于井，皆有怵惕恻隐之心。……由是观之，无恻隐之心，非人也；无羞恶之心，非人也；无辞让之心，非人也；无是非之心，非人也。恻隐之心，仁之端也；羞恶之心，义之端也；辞让之心，礼之端也；是非之心，智之端也。人之有是四端也，犹其有四体也。”② 孟子认为，人都有“不忍人”之心，由此提出了著名的“四端”说，“端”是萌芽的意思，恻隐、羞恶、辞让、是非是四个善端，对应人的四个美好品德：仁、义、礼、智。而“自然”是卢梭思想的一个理想的参照，就像孟子的“四端”，是人的善良本性。卢梭的“自然”的心理学倾向，指的就是人先天就有的自爱和怜悯这种情感。在政治学领域的自然观是建立政治原则的参照视野，由此卢梭在《社会契约论》中提出了理性自然的政治法则，人们将权利让渡给代表公意的国家，从而实现人们自然而然的生活的理想；在教育领域，卢梭参照自然提出了自然人的模型，提出了自己美育的目标；在美学领域，自然美是一切美的典型，是人们欣赏的对象，人们膜拜自然、敬畏自然。

三、“自然”与美育

美育是一种理想人格的教育，可以培养人们的人文素质。卢梭的美育思想带有很强的自然主义色彩。自然是卢梭美育的理论基础、参照对象和实现手段，自然人是卢梭美育培养的理想目标。

---

① 阿斯穆斯．卢梭（纪念卢梭二百五十周年诞辰）［M］．梅溪，译．北京：商务印书馆，1963：10-11.

② 杨伯峻．孟子译注［M］．北京：中华书局，1960：79-80.

（一）自然是美育的理论基础

自然学说是卢梭美育的理论基础。“当把卢梭的‘自然’学说放在他的整个思想体系中加以考察时就可以看到，它构成了卢梭全部改造社会的革命民主主义政治理论的逻辑基础。”① 卢梭的自然学说是和政治学说不可分割的，卢梭试图通过教育，实现适合自然人发展的社会环境。人天生善良，没有一切罪恶，而进入社会之后，人逐渐染上了种种恶习。在这里卢梭通过美育来构建自己的理想社会，就像柏拉图的理想国中对哲学王的培养一样，卢梭培养的是像爱弥儿一样的契约社会的公民。因此，自然是卢梭美育思想的理论基石。

（二）自然是美育的参照对象

卢梭在构建人类的理想社会的时候，心中的参照对象是“自然”。在其《社会契约论》中，他描绘了人类社会的理想状态。“这种力量作为社会体系的基石，应该超越所有个体，然而这仍然不够；它必须以自然为基础，也就是说，其至高无上的性质绝对不能是虚构的，必须在理性上是公正的。否则，这种力量及其产生的效果都靠不住，其形成的秩序也不会稳定，缺乏自然秩序的永恒性和必然性的特征，随时会消失的偶然事件的结合，不可能保持长久。”② 可见，自然与文明始终是卢梭思考和关注的两大命题。卢梭的美育思想是和他的政治哲学密切联系在一起的。卢梭的理想社会，不是原始社会的自然状态的复制，而是一种更高层次的螺旋式上升的形态，这里的公民没有市民社会的罪恶，不像原始社会的初民缺乏理性。理想社会的公民崇拜理性和自然，是理性和自然的一种完美结合。卢梭是依靠契约来完成对理想社会的构建的。

---

① 王树人，李凤鸣．西方著名哲学家评传（第五卷）［M］．济南：山东人民出版社，1984：207-208.

② 转引自：勃·姆·别尔纳狄涅尔．卢梭的社会政治哲学（代序）［M］．焦树安，等译．北京：中国社会科学出版社，1981：55.

（三）自然是卢梭美育的实现手段

在卢梭的全部论著中，有一个中心的课题力图获得解答。这个问题就是自然与文明的对立。由此确立了他的主要概念‘自然状态’并将其作为卢梭判断事物的尺度。[①] 既然自然和文明是对立的，那么如何消弭二者之间的矛盾呢？这就是美育，美育是连接自然和文明的桥梁。通过美育，卢梭培养出了未来社会的理想公民。卢梭在《爱弥儿》中列举了幼儿期的美育、儿童期的美育、少年期的美育、青年期的美育以及恋爱期的美育的具体步骤。卢梭心目中的爱弥儿崇尚自然，回归社会。那么如何培养具有像自然状态下的人一样的理想公民呢？卢梭重视自然美对儿童的影响，让他们在自然中畅游自己的心胸，与天地合而为一，敬畏自然，热爱自然；卢梭也重视按照儿童的天性和特长对其进行培养，既不能裹足不前，也不能急于求成，违背自然规律。

---

① 刘箭．卢梭自然主义教育思想的渊源和背景［J］．比较教育，1989（6）：44.

第三章　卢梭美育的目标

本章将以“真善美”作为框架，从三个方面论述卢梭美育的目标。“真”指绝对的自由和自主，率性而为的自然之真，而这种“真”在文明社会处处受压抑，人不得不伪装自己，从而逐渐失掉了自己的真面。“善”指人原初本性中的“自爱”和对他人的“怜悯”，而文明社会逐渐把这两种自然的声音压抑到最幽暗的角落，使人戴上各种道德的假面具。美，指自然之美，美的典型存在于自然之中，而文明社会的不良风尚败坏了人自然的审美品位，误导了人的审美追求。所以，美育的目标就是通过教育，把被文明社会遮蔽、扭曲了的“真善美”发掘出来，发扬光大，把人培养成迥异于当时世俗的一种新人：这种人具有独立的人格和德性，蕴藉着美的神采。

第一节　自然之真

在自然状态中，人能够按照自己的意愿率性而为，自由平等；而在社会状态中，文明人不再享有自由平等，成为他人和自己的奴隶。本节通过对比自然人的“真”和文明人的“伪”，从而论证自然人是怎样在文明社会中失掉了自我，即失掉了人的自由自主而沦为奴隶的。卢梭以自然为镜，来校准人类社会前行的方向。

一、自然的自由与平等

在自然状态中，人是自由的。“按照卢梭的看法，野蛮人的生活方式颇具优越性，首先在于享有更大的自由。在二论中，‘自由’一词或许像‘自然’一样重要。的确，自由与自然合为一体，因为自由是‘自然的基本禀赋’。”① 人在自然的状态下，只按照自己的本能、服从着自己的天性而生活着，率真而自然。“野蛮人既然成天在森林中游荡，没有固定的工作，没有语言，居无定所，没有战争，彼此从不联系……他只能感知他真正的需要，他只注意与他有关的事物；他的虚荣心不发达，他的智慧也不发达。”② 在这一状态中的人类是绝对自由的，他完全可以顺从自己的意志，“为所欲为”，但是他的欲望很低，只有自我保存的本能欲望，凭自身的能力就能实现，欲望和能力处在和谐的状态。自然状态的人散居在蛮荒的大地上，没有家庭，没有朋友，没有同伴；没有语言，没有交流。一个人游荡在天地之间，只操心一件事情：保护好自己的生命。那么人类又是如何延续的呢？卢梭在谈到这个问题的时候这样说：“饥饿和其他欲望使他经历了一个又一个的生活方式；其中有一种生活方式是要求他延续他的种类。这一盲目的倾向，由于缺乏任何内心的情感，因而纯粹是兽性行为。需要一满足，彼此便各奔东西；而孩子一长到不需要母亲的时候，便与母亲毫无关系了。”③ 这意味着野蛮人延续自己的种类的欲望与现代人传宗接代的要求是一样的，但与现代人膨胀的欲望和复杂的心理相比，自然人的这种欲望简单而单纯，它就像食欲，需要得到满足之后，欲望就消失

① 普拉特纳．卢梭的自然状态：《论不平等的起源》释义［M］．尚新建，等译．北京：华夏出版社，2008：13.

② 普拉特纳．卢梭的自然状态：《论不平等的起源》释义［M］．尚新建，等译．北京：华夏出版社，2008：79-80.

③ 卢梭．论人与人之间不平等的起因和基础［M］．李平沤，译．北京：商务印书馆，2007：85-86.

了，他又重新回到孤单而满足的状态。

在自然状态中，人是平等的。卢梭说："即使大自然是像有些人说的那样在分发它的礼品时有所偏心，但是，在人与人之间没有任何关系的情况下，最受厚爱的人能从损害他人当中得到什么好处呢？在不谈情说爱的地方，美貌有什么用？对不会讲话的人来说，才思有什么用？根本就不与人打交道，干吗玩弄诡计？"[①] 自然状态是人类历史上的一个特有阶段，人的平等是在这种自然状态的帮助下所维持的平等，而这种平等是相对的平等，即相对人简单的欲望而言。卢梭向我们展示出现代的不平等是怎样一步步演化而来的，文明人是如何不得不接受这样的不平等的。其中，教育在这一过程中扮演了一个重要的角色，即"自然不平等将因人的教育程度的不平等而扩大"[②]。但自然状态下的平等保证了每个人最大的自由，从而保证了人可以做自己的条件。

总之，自然人是独立自由的。自然人既不依赖他人，也不依赖社会；既不受迷信、舆论和偏见的束缚，也不受任何政治压迫和奴役。他不是依赖于整体的碎片，而是完整的主体，是独立的、绝对的存在，是一种自然之真的存在。而在文明社会中，由于需要和劳动分工的发展，人们彼此依赖；由于财产、地位和权力的不平等，人们互相奴役。人变成了依赖于他人和社会的碎片。

二、文明之伪

（一）文明使人成为欲望的奴隶

"伪"即压抑自我迎合别人，做自己不愿做的事。而"真正自由的人，只想他能够得到的东西，只做他喜欢做的事情"[③]。就像自然状态下的个

① 卢梭．论人与人之间不平等的起因和基础［M］．李平沤，译．北京：商务印书馆，2007：80-81.

② 卢梭．论人与人之间不平等的起因和基础［M］．李平沤，译．北京：商务印书馆，2007：80.

③ 卢梭．爱弥儿（上）［M］．李平沤，译．北京：商务印书馆，2007：80.

体，他凭借自身的力量就能满足自己的需求，不需要求助于其他任何人；他顺从自己的意愿行事，喜欢做什么就做什么，没有顾忌，没有强制。自然状态下的人的需求或欲望没有超出自身的能力以外，自己想要什么就能得到什么，身心处于和谐的状态，所以自然状态中的人是真正自由的人，也是真正幸福的人。但是需要指出的是，卢梭描写的自然人的自由是在这样的前提下实现的：他把自然人看得很低，自然人只是一种动物。自然状态下的人，只有本能的欲望——保存自己，所以他只有安全的需要和填饱肚子的需要。正因为欲望低，所以很好满足。可是进入文明社会后，人们的想象力的闸门被知识、理性这两只巨手打开了，这一打开就像打开了潘多拉的宝盒，再也合不上了，人的欲望乘着想象力的翅膀越飞越远，它自身形成了一种强大的力量，人反而被欲望所绑架和掌控，人也就失去了自由。“一切欲念都渊源于人的感性，而想象力则决定它们的发展方向。”① 人们不仅要吃饱穿暖，还要食不厌精，衣必貂裘；不仅要住有所居，而且要住高楼大厦；不仅要有车，还要越气派越豪华越好；不仅要有钱，还要多多益善……欲壑难填，从此人们就变成欲望的奴隶，自由没了。所以，卢梭痛心地说：“我们的自然的欲念是很有限的，它们是我们达到自由的工具，它们使我们能够保持生存的目的。所有那些奴役我们和毁灭我们的欲念，都是从别处得来的；大自然并没有赋予我们这样的欲念，我们擅自被它们作为我们的欲念，是违反它的本意的。”② 这样的忠告在现在看来也并不过时。面对物欲横流、人心迷乱的不良现象，我们需要从中反省自身，要反思哪些欲望是绝对必需的，是自然的、合理的，哪些欲望是相对的贪欲，是不需要的、违背自然的，是我们的束缚。不然，盲目跟随欲望的步伐，我们自身就会变得越来越柔弱、越来越痛苦。“是我们的欲念使我们变得这样柔弱的，因为要满足我们的欲念，所花费的体力，比大自然

① 卢梭．爱弥儿（上）[M]．李平沤，译．北京：商务印书馆，2007：300.

② 卢梭．爱弥儿（上）[M]．李平沤，译．北京：商务印书馆，2007：288-289.

赋予我们的体力还多得多。”[①] 因此，按照卢梭的认识，减少欲念就是增加体力，欲念越少我们就越强壮；而文明使人们成了欲望的奴隶，文明使人们变得虚弱、面目全非。

（二）文明使人成为预见力的奴隶

在卢梭看来，自然状态的原始人是没有预见力的，因为在自然状态中，人只有感觉，没有理性，还不能想象和推测。“他的想象力不能给他描绘什么，他的心也不要求他做什么。他的那一点点儿需要，伸手就可得到满足；他也没有达到必要的知识程度去促使他希望得到更高深的学问，因此他既没有远见，也没有好奇心。……加勒比海人现在的预见力还停留在自然人的状态，与儿童无异，他们上午卖掉了褥子，晚上就会痛哭流涕，因为他们预见不到晚上还会要用这个东西。”[②] 他们当下的感觉就是他们的主宰，他们不能预见明天将发生什么事；他们活得随心所欲，不知道担心和忧愁，活得自由自在；他们还不懂得顾虑自己的未来，随遇而安，他们是自由而自主的人。

当18世纪的启蒙者们满怀豪迈之情歌颂“理性”的伟大，认为一切都应放到“理性”这位法官面前去争取自身的合法性的时候，卢梭却给我们撩开了“理性”的面纱，让我们看到了掩藏在理性背后的万丈深渊：理性放飞了欲望，从此灾难丛生；理性助长了预见力，使人类懂得谋划未来，同时也给人类套上了一副枷锁，人类也就在各种枷锁中痛不欲生。“远虑！使我们不停地做我们力不能及的事情，使我们常常向往我们永远达不到的地方，这样的远虑正是我们种种痛苦的真正根源。”[③] 有了预见力，人们就会向往不可能做的事情，向往未去过的地方，有许多人因为没

① 卢梭．爱弥儿（上）［M］．李平沤，译．北京：商务印书馆，2007：212.

② 卢梭．论人与人之间不平等的起因和基础［M］．李平沤，译．北京：商务印书馆，2007：60-61.

③ 卢梭．爱弥儿（上）［M］．李平沤，译．北京：商务印书馆，2007：78.

有机会插足印度的事情而在巴黎遗憾。正是由于人类有了预见力，有了理性，人们才会如此的痛苦。而孔子谆谆教导我们要有远虑，他有句世代流传的名言："人无远虑，必有近忧。"这就是说，人如果没有长远的谋划，就会有近在眼前的忧患。孔子的说法不正好与卢梭的主张相矛盾吗？需要指出的是，卢梭并不是一概地反对人们的"远虑"，反对规划自己的未来，对事情未雨绸缪在卢梭看来是应该的。他只是反对过度的贪婪，反对"杞人忧天"似的不着边际的远虑。他忠告人们别为"力所不能及的事情""永远达不到的地方"去忧虑，如果因此而痛苦，就像君王失去"从未见过的土地而悲伤"①。这也就是说：我们每个人都只不过是人类整体中的一分子，是其中非常小的一部分，所以别愚妄到以为自己可以代表全人类，自己就是全世界；个体要意识到人的一生很短暂，所以要珍惜现在。也许卢梭的这些思想并不新鲜，但是卢梭把它们与理性联系在一起，让我们看到被 18 世纪启蒙思想家们奉若神明的"理性"本身还有这么多的隐患。被理性武装后的文明人如果头脑发热、发疯，可以愚妄到何种地步？卢梭向快速行驶在 18 世纪轨道上的"理性动车"发出了预警，也为现代人敲响了警钟。因此，可以说卢梭是最早对现代性进行反思的人，而卢梭的参照对象就是自然人。

（三）文明使人成为社会的碎片

在自然状态下，人是一个自由独立的整体。人不依赖他人，也没有社会可依靠，孤孤单单，独来独往，他是独立自由的。但是在社会状态下，人变得不再独立、不再完整，他变成了流水线上的一个零部件，是运转着的整个社会机器上的一颗螺丝钉。马尔库塞认为，工业文明使人成了单向度的人，使人成了碎片。人类变得互相依赖，依赖这个社会才能生活。人不仅成了工具，而且变成了社会的碎片，再也不是一个完整独立的人了。

---

① 卢梭．爱弥儿（上）[M]．李平沤，译．北京：商务印书馆，2007：78.

社会分工的发展破坏了以人的生活的直觉为基础的自然与和谐。技术专业分工在促进工艺和美术繁荣的同时，也加深了人们之间的相互依赖程度，把完整的人变成大整体里的一小部分，产生了极度的片面性。最终使个人事业和公共事业之间、处境和愿望之间、义务和爱好之间、自然和制度之间产生了矛盾，这是人类痛苦的主要原因之一。卢梭号召大家，重新使人成为完整的人，这样人们就能获得幸福。

在自然状态下，人是平等自主的；但是进入社会以后，出现了财产、权利和地位的不平等，人与人之间产生了政治上的压迫、精神上的奴役；出现了迷信、偏见和权威，个体被束缚在舆论思想这张庞大的文化之网中。人们受着文化的折磨，却乖乖就范，甘愿受其统治。“我们种种的智慧都是奴隶的偏见，我们的一切习惯都在奴役、折磨和遏制我们。文明人在奴隶状态中生，在奴隶状态中死：他一生下来就被人捆在襁褓里；他一死就被人钉在棺材里；只要他还保持着人的样子，他就要受到我们的制度的束缚。”① 人不再是平等自主的，而是被社会所塑造，被别人的意见所淹没。人变成了政治的动物，失掉了自己淳朴真实的个性，人的神性光辉陨落了。人本应该诗意地栖居在大地上，但是现在却被抛进生活的轨道，成了海德格尔所说的“烦”，现代人处在无助而又不自主的生存状态之中。这一切都源于文明。

三、文明的镜子

在 18 世纪的法国，卢梭看到文明产生的种种罪恶和虚伪。何兆武先生在其翻译的《论科学与艺术》的前言中说：“这篇论文的中心思想是：自然是美好的，出自自然的人是生来自由平等的，因此应该以自然的美好来代替‘文明’的罪恶。这样，卢梭便以‘自然’（以及人的自然权利）

① 卢梭．爱弥尔（上）［M］．李平沤，译．北京：商务印书馆，2007：15.

来与‘文明’（以及贵族的特权）相对抗，从而从根本上否定了当时统治的文明。”[①]《论科学与艺术》是卢梭的成名作，是他著名的“三论”之一，其他两论分别是《论人与人之间不平等的起因和基础》和《社会契约论》。卢梭在其著作中曾强调，他的思想是一个整体，他的所有的观点都是前后贯通的，是经过深思熟虑的。18 世纪的启蒙思想家们大都对人类的理性充满信心，他们相信只要沿着理性设计的轨道向前运行，人类就能到达理想之地。然而，卢梭看到理性倡导者的偏差，缺少感性的理性带给人类的文明问题。卢梭通过构建自然状态，在与文明社会的对照中明确人类应该有的样子、应该前行的方向和未来的理想前景。

卢梭笔下的“自然状态”俨然是一幅人类早年的理想场景。有些人误以为卢梭提倡人类回归和倒退。伏尔泰就是其中的代表，他曾经讥讽卢梭说：“我收到了您攻击人类的新著，……不可能用更强烈的色彩来描绘人类社会的丑恶了，而我们则由于无知对人类社会空有许多的期待。从来没有花过如此的脑力来说服我们重新变成野兽，捧读大作，真想又要用四脚来爬。”[②] 卢梭写信回敬道：“先生，若真能再回到那个样子，那将是一个奇迹：一个既如此惊人又如此有害的奇迹，以致，只有上帝才能使之实现，只有魔鬼才希望它出现。因此，请别再说什么想用四个脚爪爬行了。”[③] 可见，卢梭本意并不是要回到只有“上帝”和“魔鬼”联手才能创造的场景中。人类自身则无论如何也不可能回到从前，在这里，卢梭看得很清楚、很明白。卢梭在给波兰国王的信中写道：回到“自然状态”的原始阶段是不可能实现的，历史是不会开倒车的。即使人类能够退回到野蛮人的状态，他们也不会因此就更幸福些。人类向前发展是一种历史的必然，“因为将人类与所有其他自然生物区别开来的特殊天赋是可完善性。

---

① 卢梭．论科学与艺术［M］．何兆武，译．北京：商务印书馆，1963：ii（译者序言）．

② 转引自：阿斯穆斯．卢梭［M］．梅溪，译．北京：商务印书馆，1963：24.

③ 卢梭．论人与人之间不平等的起因和基础［M］．李平沤，译．北京：商务印书馆，2007：162.

人类并不在其初始状态中逗留，而是力求超越它；人类不满足于在刚开始时自然赋予其生存的那片疆域和那种样式，在他给自己设计出属于自己所有的一种新的生存形式之前，他也不会止步不前”①。自然状态仅仅是卢梭的历史构建。卢梭认为人类的文明，例如当时的巴黎，在社会的偏见氛围中浸泡得太久，人们也迷失得太久。就像海神格劳巨斯的雕像，终年累月地被海水浸泡，仿佛变成了一个怪物，外观已经丑陋不堪，原来的样子已经很难辨认。这个“自然状态”就像一面镜子，在与现实的对照中，帮助人们重新认识人类应该有的面貌，梳理清楚哪些是人自然的需要，哪些是人贪婪的欲望。

加拿大的麦克卢汉（McLuhan）曾提出过“照后镜说”，即车辆在前行奔驰的时候，司机还要时时查看照后镜，查看车后面的路况。而“照后镜”所提供的信息是确保司机安全行驶的重要依据之一。麦克卢汉的“照后镜说”是值得我们思考的。我们不能只顾前行发展，还得时常回顾一下留在身后的来路，过去能帮助我们更清醒地把握前进的方向。卢梭的“回归自然”正是在这个意义上使用的。卢梭用自然之真反观人类文明之伪，用自然人来对抗文明人。面对人类现实社会中存在的问题，卢梭主张以人类发展的起点为参照，重新审视哪些是我们需要的，哪些是人的本质的东西，哪些是后来附加的、属于可有可无的东西。卢梭想用自然人来重新评估人类的价值，从而改造当时的生病的巴黎社会。

卢梭不仅对现代文明进行了尖锐的剖析和批判，同时也投入极大的热情对理想社会进行了构建。正如罗曼·罗兰对他的评价：“伏尔泰是百科全书这一派庞大而密集的星群中最灿烂的明星。卢梭却是孤身一人，单枪匹马进行战斗。……伏尔泰和他的战友狄德罗、达朗贝尔、霍尔巴哈、赫尔维修……专心致志于旧社会及其偏见和弊端的抨击；他们是自由理性的

① 恩斯特·卡西勒，彼得·盖伊．卢梭问题［M］．王春华，译．南京：译林出版社，2009：94.

吹毛求疵的和爱嘲弄的战士。只有卢梭一个人描述了建设的方面，肯定了新的信仰；他是共和国的宣布人。”① 卢梭力图重建一个理想的社会，童年的普鲁塔克式的英雄主义和理想主义的情怀使他成为一个理想主义者。如果说卢梭的《论人与人之间不平等的起因和基础》是对人类是什么进行探索和描绘的话，那么，他的《社会契约论》就是对人类应该是什么的理想建构。“我们如何既挡住浩劫，又止住腐败？我们如何才能不滑向俗常社会的邪恶与堕落，就建立起一个真正的人类共同体？这就是《社会契约论》给它自己提出的问题。重返自然状态之简朴与幸福的道路已被封死，而自由之路却敞开着；我们能够，而且必须踏上这条路。”② 卢梭主张用代表公意的契约来实现理想的公民社会，从而去寻求人类的幸福与自由。

“自然”和“文明”的对立是卢梭思考问题的逻辑起点。卢梭认为，人在自然状态的天性是善的，所有的罪恶都是社会使然，但是人类的发展不可逆转，人类再也回不到从前的自然状态。在契约社会，通过教育的方式培养出爱弥儿式的公民，即未来社会的理想公民，社会就极有可能进入一种真正成熟而又合理的公民社会。马克思明确指出，卢梭的自然主义学说绝不仅仅是对极度文明的反动和想回到被误解了的自然生活中去，“而是对当时正踏步走向成熟的‘市民社会’的预感”③。古希腊的普鲁塔克是照耀卢梭一生的灯塔。卢梭是一个理想主义者，他不仅把他的理想写进著作中，还把他的理想落实到生活的追求中。

第二节　自然之善

海神格劳巨斯在卢梭的作品中是一个隐喻，他暗示：人原本就像海神

① 罗曼·罗兰．卢梭的生平和著作［M］．王子野，译．北京：生活·读书·新知三联书店，1993：1-2.

② 恩斯特·卡西勒，彼得·盖伊．卢梭问题［M］．王春华，译．南京：译林出版社，2009：48.

③ 王树人，李凤鸣．西方著名哲学家评传（第五卷）［M］．济南：山东人民出版社，1984：200-201.

格劳巨斯一样是一种神性的存在。但是文明社会在向前发展的同时，却使人性蒙尘、扭曲，使人一步步远离了自身的善性，走向罪恶的邪路，就像海神格劳巨斯被海水浸泡、被风吹雨打而失掉了自己本来的面目一样。本节探寻了人的种种面具之后善的根据和源头，同时也揭示出人性是如何堕落的。人性虽步入歧路，但人类终将会依靠自己的力量走向正途。

一、格劳巨斯的隐喻

在《论人与人之间不平等的起因和基础》的序言中，卢梭说："格劳巨斯的雕像遭到天气和海水的侵蚀与狂风暴雨的吹打，已经被弄得不像一尊海神而像一头猛兽，人的灵魂也一样：在社会环境的重重包围中，由于千百种不断产生的原因的影响，由于获得了许多知识的同时又接受了许多谬见，由于身体气质的变化和欲念的不断冲动，可以说，人的灵魂也是被弄得几乎认不出来了。"[①] 海神格劳巨斯的雕像，本来形象优美，但由于受到海水的侵蚀，已经面目全非，好像一头野兽，其形象已经发生了彻底改变。在这里，卢梭用海神格劳巨斯的雕像比喻自然人的高洁灵魂，海水和天气比喻文明，面目全非的海神格劳巨斯的雕像比喻经受文明洗礼之后的社会人的灵魂，卢梭以形象的比喻描述了自然人的堕落。

较早用希腊海神格劳巨斯代表人类灵魂形象的是苏格拉底，在《国家篇》第十卷里，苏格拉底试图向格老孔证明人类灵魂的不朽。他说，现在由于灵魂与肉体结合在一起，很难看清楚它美的真实本性和神性。自然人的堕落过程，"就像看见海神格劳巨斯，他原来的肢体由于多年被海水浸泡已经断裂破碎，身上又蒙着一层贝壳、海草和石块，以致本相尽失，看上去倒更像一个怪物。这就是我们所看到的灵魂，它被无数的邪恶糟蹋成

---

① 卢梭．论人与人之间不平等的起因和基础［M］．李平沤，译．北京：商务印书馆，2007：33-34.

这个样子"①。对于这一点，普拉特纳分析得很好："尽管卢梭认为，灵魂受损害是由于历史的种种发展，并非与肉体相结合；不过就其他方面而言，乍一看，他似乎以柏拉图的精神运用这一类比：灵魂的原始品格是神的，然而因为外部因素玷污，以致看上去更像野兽，不像神。这或许暗示，在卢梭眼里，人在原始状态（即在自然状态）类似神。"② 卢梭认为自然是神创造的，而文化是人创造的。所以自然是圆满的、完美的。"在卢梭那里，自然认识被抽去了一切社会属性的抽象，他天性善良，生而自由平等，因此举凡人类的种种罪恶、不幸和道德堕落，都不可能在自然状态中找到任何根据，而只能用历史、社会和环境的原因加以解释。"③ 卢梭把自然人抽象为一种人类美好的形而上学的属性，是人类美好品质的标尺，没有沾染文明社会的恶习，天性善良，生而自由平等，是一把衡量人性的标尺。《爱弥儿》第一卷的开篇就说："出自造物主之手的东西，都是好的，而一到人的手里，就全变坏了。"④ 这正说明了自然人的灵魂类似于神，是无比高尚的，是海神格劳巨斯，而社会人则是后天文明的产物，有了文明一切都变坏了。

卢梭或许想用古希腊海神格劳巨斯的雕像暗示人们：人最初的灵魂是神圣的、美的，而社会的发展、社会的侵蚀使人的灵魂变得像海神的雕像一样丑陋不堪，如同野兽，面目全非。

二、善的追寻

康德认为卢梭第一次发现了人类的本质，就如同牛顿首次发现了

① 柏拉图．柏拉图全集（第二卷）[M]．王晓朝，译．北京：人民出版社，2003：636.

② 普拉特纳．卢梭的自然状态：《论不平等的起源》释义 [M]．尚新建，等译．北京：华夏出版社，2008：37.

③ 王树人，李凤鸣．西方著名哲学家评传（第五卷） [M]．济南：山东人民出版社，1984：207.

④ 卢梭．爱弥儿 [M]．李平沤，译．北京：商务印书馆，2007：5.

万有引力定律，卢梭由此鉴别了“人类的假面与本色”。卢梭发现了人类的本质是善良，富有同情心和怜悯心。“在前人只看到一片混乱和毫无关联之差异的地方，牛顿破天荒地觉察出秩序和守常是高度地结合在一起。……而人类天性呈现的种种形式背后，则是卢梭第一次发现了被深深隐匿了的人类本质，和那深藏起来的、可以通过对它的观察来证明的天意的法则。”① 而在他们之后，上帝的意图被证实了，同时浦伯的“存在即合理”命题也因此而颠扑不破。

当卢梭把一切纷繁华丽的表象撤掉后，他看到人类本性的实质所在。世界是一个名利场。世界所呈现出的情景，正如毕达哥拉斯所说，“宛如奥林匹克竞赛会的情景一样：有一些人在那里开店铺，为的是牟利赚钱；另一些人在那里拼命，为的是追求荣誉；而其他的人则只是为了去看竞技，但是，去看竞技的人并不是坏人”②。卢梭在书中引用了毕达哥拉斯的这一比喻，是关注各色人等在这一名利场中的生存状态，他们或者追求钱财，或者追求名誉，或者充当看客。天下熙熙，皆为利来；天下攘攘，皆为利往。透过各种角色，他敏锐而犀利地发现了形形色色的假面，以及假面之下的人类本色。他把世人分成两类：世故的人和非世故的人。他说：“通世故的人总是带着假面具的，他们几乎没有以他们本来的面目出现过，甚至弄得自己也不认识自己，当他们不得不露出真面目的时候，他们会感到万分局促。在他们看来，要紧的不是他们实际上是什么人，而是要在外表上看起来好像是什么样的人。”③ 世故的人，忘记了自己的真实面目，戴着面具而生活。尽管在竞技场上人群分为追名逐利者和看客，社会中又以各阶层的面目出现，但是人的真实面目是一样的。卢梭以他锐利深邃的目光看到了这一点。“各种等级的人都是一样的，如果承认这一点的话，则

---

① 恩斯特·卡西尔．卢梭·康德·歌德［M］．刘东，译．北京：生活·读书·新知三联书店，2002：22.

② 转引自：卢梭．爱弥儿［M］．李平沤，译．北京：商务印书馆，2007：329.

③ 卢梭．爱弥儿［M］．李平沤，译．北京：商务印书馆，2007：317-318.

人数最多的等级就最值得我们尊敬。”① 卢梭看到人们必须戴一副假面具才能生活，大人物和小人物、贵族和平民、上流社会的人和普通老百姓都是如此，都需要戴一副面具。老百姓不戴面具，因此没人喜欢。上流社会的人如果不戴面具的话，将是一件非常可怕的事情。从心理学的角度说，每个人都有文饰心理，都想向别人展示自己美好的一面，掩盖自己的缺点，如果承认这点，就会发现人的本质。在这样的情况下，每个人都是值得尊敬的。人们在社会中总要担当某种角色，妻子、丈夫、儿子、媳妇、父亲、母亲、老师、医生、警察，因此，人们总是戴着面具生活，真实的自我被隐藏起来，面具是社会的角色，而真实的自我则藏在面具之下，人们以面具隐藏了本真的自我，隐藏了人类的本质。

竞技场上的各种角色也好、社会中人的等级标签也好，卢梭统统隐去他们的面具，在他眼里所有的人都是一样的，即人在最根本的层面上，在人心灵的最深层处，所有人的“欲念和感觉”都是一样的。所不同的是人的外表，其最显著表征是语言；这种外表的虚饰掩盖了人本真的面目，给人种种错觉和幻觉，产生错误的想象，以为“表”就是“里”。“卢梭比其他任何人都更清楚地鉴别了人类的假面与本色，这使康德大为激赏。他自己也同样在文明中觉察到了无数虚有其表的‘德行’，它们非但于人类的道德价值无补，而且甚至还在事实上搅混了它，使之充满疑义。”② 卢梭看到了人们都需要戴一副面具才能生活，由此影响了康德。康德哲学的终极目的是回答人是什么的问题，康德沿着卢梭开创的方向走得更远。人类社会是一个欲望丛生、偏见横行的社会。掩藏在人的各色面目之下的是自私心、自爱心、自尊心、荣誉心，甚至是偏见的纵横交织。“自爱心是一种自然的情感；它使各种动物都注意保护自己。就人类来说，通过理性的

① 卢梭．爱弥儿［M］．李平沤，译．北京：商务印书馆，2007：310.

② 恩斯特·卡西尔．卢梭·康德·歌德［M］．刘东，译．北京：生活·读书·新知三联书店，2002：24.

引导和怜悯心的节制，它将产生仁慈和美德，而自尊心是一种相对的情感，它是人为的和在社会中产生的；它使每一个人都把自己看得比他人为重，它促使人们相互为恶，它是荣誉心的真正源泉。”[①] 与自爱心相比较，自尊心是一种社会的情感，希望自己受重视而成为焦点，是一种争强好胜的心理。而“自爱心所涉及的只是我们自己，所以当我们真正的需要得到满足的时候，我们就会感到满意；然而自私心则促使我们同他人进行比较，所以从来没有而且永远也不会有满意的时候，因为当它是我们顾自己而不顾别人的时候，还硬要别人先关心我们然后才关心他们自身，这是办不到的”[②]。自爱心让人重视自己，只涉及自己；而自私心让人拿自己和别人作比较，有比较就有差距。二者的后果也不一样，自爱心会产生敦厚温和的性情，自私心则会导致嫉妒。卢梭在这里区别了自爱心和自私心，是对人类本质的发现。

偏见也是一种欲望。“随着爱情和友谊的产生，也产生了纠纷、敌意和仇恨。在各种各样的欲念中，我看见涌现了偏见，它宛如一个不可动摇的宝座，愚蠢的人们在它的驾驭之下，竟完全按照别人的见解去安排他们的生活。”[③] 而在人类的最初的自然状态中，人只有两种情感：自爱和怜悯。人的最初的欲望是自爱，爱护自己、满足自己基本的本能需要，保存自己的生命，让自己生活下去。在自身经历了种种苦难之后，以己之心度他人的难处和痛苦，他的心中产生了怜悯，具有一种推己及人的情怀。“我认为怜悯心是我们这样柔弱和最容易遭受苦难折磨的人最应该具备的秉性，是最普遍和最有用的美德；人类在开始运用头脑思考以前就有怜悯心了；它是那样的合乎自然，甚至动物有时候也有明显的怜悯之心

① 恩斯特·卡西尔．卢梭·康德·歌德［M］．刘东，译．北京：生活·读书·新知三联书店，2002：24.

② 卢梭．爱弥儿（上）［M］．李平沤，译．北京：商务印书馆，2007：290-291.

③ 卢梭．爱弥儿（上）［M］．李平沤，译．北京：商务印书馆，2007：292.

的表现。"[①] 人类有怜悯心，厌恶自己的同类受苦，因此他们会克制自己的自尊心，或在自尊心产生前克制自己的自爱心，这样人类第一个相对的情感——怜悯就产生了。可见，自爱心和怜悯心是先于人的理性而产生的。正因为这样，人性最本真的是情感，是感性，而不是理性。人在自然状态中有两种先于理性的情感——自爱和怜悯。在自然状态中，自然人有先于理性的情感——自爱心。"自爱心是一种自然的情感；它使各种动物都注意保护自己。"[②] 在卢梭看来，自爱心是人类本质的一种先验形式，而怜悯心是一种自然的感情，它能缓和每一个人只知道顾自己的自爱心，从而避免人类的互相争斗、弱肉强食，使他们能够彼此和谐相处。卢梭认为，在自然状态下，怜悯心甚至可以代替法律和风俗，使得身体强壮的野蛮人不会去抢比自己身体弱小的老人和小孩的食物。"总而言之，我们不应当在高深的理论中而应当在这种自然的感情中去寻找人就是没有受过教育的熏陶也不愿意作恶事的原因。虽然苏格拉底和具有他那种素养的人可以通过理性而获得美德，但是，如果人类的生存要依靠组成人类的人的推理的话，则人类也许早就灭亡了。"[③] 怜悯心作为人的一种天然感情，是人生而就有的一种情感，即使没有受过教育的人也会有这种情感，人同此心，心同此理，人天生具有一种悲天悯人的情怀，这是人与动物区别的本质所在，是人类的善良本质之所在。只是在嘈杂喧嚣、众声喧哗的现代文明中，人们遵从着理性建立起来高度文明的社会，随着理性的发展，怜悯和自爱这种情感的声音越来越弱，被压抑到一个幽暗的角落里。人们不一定非要依靠理性才能找到美德，人们应该发掘自身本来就有的东西。这里

① 卢梭．论人与人之间不平等的起因和基础［M］．李平沤，译．北京：商务印书馆，2007：72-73.

② 卢梭．论人与人之间不平等的起因和基础［M］．李平沤，译．北京：商务印书馆，2007：155.

③ 卢梭．论人与人之间不平等的起因和基础［M］．李平沤，译．北京：商务印书馆，2007：75-76.

体现了卢梭对人类本质的追寻，在卢梭的眼里，人类的本质源于人类的两种最基本的情感，即自爱心和怜悯心。

老子说："天下皆知美之为美，斯恶已；皆知善之为善，斯不善已。"[①]而在自然状态，人不懂善恶，反而成就了人类德行的黄金时代。自然状态中的人不懂善恶。"当初，在自然状态中的人似乎彼此间没有任何道义上的联系，也没有什么大家公认的义务，因此，他们既不能被看做是好人，也不能被看做是恶人；他们既无邪恶之心，也无为善的美德……"[②]自然人的本性无所谓善恶，也不存在善和恶的区别，人们只是按照自己的本性生活着。

"我们尤其不可像霍布斯那样，因为人没有任何善的观念，便认为人天生是恶人；因为人不知道什么是美德，便认为人是邪恶的；……"[③]卢梭批评了霍布斯的观点，认为善和恶、美德和邪恶，总是相对的，不是绝对的、非此即彼的，自然人没有善的观念，并不意味着他是恶的，自然人只是按照自己本性生活而已，按照自己内心的本真状态生活。所以，普拉特纳归纳认为："首先，必须弄清楚当卢梭说人性本善时，显然不包含的含义。他并不是指人生来就会对同伴行善。二论的开篇，他就排斥了自然人善意合作的动因，并且清楚地表明，自然人居于支配地位的动机是自爱。"[④]要理解卢梭的人性本善，必须回到卢梭的本意，自然人并非天生就是善良的，支配他们情感的动机首要的是自爱，由自爱而生发了爱他人的怜悯之心，卢梭的善并不是法律和理性支配下的善。

卢梭批判霍布斯的竞争、猜忌、荣誉是属于自然人的特点的观点。他认为自然人是孤立而愚昧的。卢梭认为人的自然状态甚至比霍布斯所认为

① 蒋锡昌．老子校诂［M］．北京：商务印书馆，1937.

② 卢梭．论人与人之间不平等的起因和基础［M］．李平沤，译．北京：商务印书馆，2007：70.

③ 卢梭．论人与人之间不平等的起因和基础［M］．李平沤，译．北京：商务印书馆，2007：71.

④ 普拉特纳．卢梭的自然状态：《论不平等的起源》释义［M］．尚新建，等译．北京：华夏出版社，2008：52.

的更具“兽性”。自然人的状态是一种动物的状态，是按照自己的本能生活，这种状态是一种完全自足的状态，也是一种善和幸福的状态。由于偶然事件，人们脱离了动物状态而进入社会状态，这样人就成了“有道德的生灵，有理性的生灵，成为其他动物之主，成为上帝在地上的影像’”①，成了万物之灵长，宇宙之精华。在自然状态或者前文明社会，人类不是动物之王，也不是上帝在地上的影像，人和动物没有区别。因此，竞争、猜忌、荣誉这些特征不属于自然人，而属于进入市民社会之后的文明人，人们在由自然人变为社会人、文明人的过程中，丧失了自己的美德，失去了自己的本质，如同长期经受风吹雨淋的海神格劳巨斯的雕像一样，已经变得面目全非了，已经丧失了本真的自我。卢梭想回到人类发展的源头，去追寻属于人的美德，重新发现人自身。

三、从自然到文明

（一）自然状态中社会性很少

在自然状态下，人的需求非常低下，只有安全感和维持生存的简单的需求，而同其他动物相比，人可吃的食物种类很宽泛，不仅可以吃橡子、榛子，还可以食肉，大自然也为人准备了足够的食物。人的需求很好满足，仅靠一己之力就能满足，人就像全知全能的上帝，所以没有接近同伴的愿望。“卢梭得出结论说，当人住在森林里，从一个地方转到另一个地方，且不知道语言时，他是不需要由自己的同类所组成的社会的。他自己供给自己，因为他的需求是非常狭窄的。”② 这时的自然人是自由的，不需要聚集在一起生活，没有社会，没有组织，没有法律，市民社会中的元素在自然人那里是找不到的。“从大自然不急于使人类通过互相需要而彼此

① 普拉特纳．卢梭的自然状态：《论不平等的起源》释义［M］．尚新建，等译．北京：华夏出版社，2008：65.

② 转引自：勃别尔纳狄涅尔．卢梭的社会政治哲学（代序）［M］．焦树安，等译．北京：中国社会科学出版社，1981：65.

接近，不急于使人早一点掌握语言，就可以看出，他为人类准备的社会性是很少的。在人类为建立彼此的联系而努力的过程中，大自然给予的帮助是不多的。”① 在自然状态下，任何一个人都没有这种需要和欲望来组成社会，人们没有语言，不需要交流，没有法律和国家，不需要服从，例如，对于一只猴子和狼而言，是不需要社会性的。自然人处于一种孤单的状态。

（二）人类从孤单走向群居的历程

当卢梭考察人类发展的时候，还是发现了人类从孤单走向群居的趋向和脉络。自然状态的人是只有纯粹的感觉的动物，他还没有意识到自然赐给他的禀赋，也不知道向大自然索取更多的东西。可是后来，他们的生存逐渐遇到了一些困难。他必须学会如何克服这些困难，例如：树木太高，自然人无法摘到果子；到处觅食的动物与人类争夺食物，甚至野兽会吃人。同时，随着人类的增加，土地和资源就会减少，于是，由于地理条件的差异，人们改变了自己的生活方式，为了克服困难，生活得更好，就出现了发明创造，人类的智力得到了发展。生活在海边和河边的人发明了鱼线和鱼钩，这就是最早的渔夫。生活在森林中的人发明了弓箭，这就是最早的猎人。天上的雷电、地上的火山爆发或其他偶然的事情使人们发现了火的妙用，人类逐步由孤单走向了群居，开始形成社会。

人有“自我完善”的潜在能力，所以在遇到困难的时候，他们会想办法克服。在克服困难的过程中，他们反反复复地尝试，一次次的较量，一步一步走出生存的困境。他们每前进一步，自身就会成长一点，自身的潜力也不断得到开发。在这一漫长的过程中，人的理性产生了，人的头脑有了“关系”的概念，“这些关系，我们用大、小、强、弱、快、慢、胆小

---

① 卢梭．论人与人之间不平等的起因和基础［M］．李平沤，译．北京：商务印书馆，2007：69.

和胆大等词以及其他在必要的时候不知不觉地通过对比而产生的类似的词来表达”①，从而能进行简单的比较和推理。在发展中，他获得了新的知识，在与同类的交往中，产生了简单的语言。

头脑开窍后，人类的发展的速度也变快了。“第一次变革的时代已经到来：他们分别建立了家庭，并拥有某种财产；为了财产，他们之间也许还发生了许多争执和战斗。”② 他可以自己建造窝棚，择地而居，而不需要再在洞穴里躲避风雨，在大树下夜宿。这不仅仅是技术上的进步，还影响到了人类的观念的变化。私有观念出现，进而出现了氏族贵族和部落首领。对此卢梭非常形象地描述道：“谁第一个把一块土地圈起来，硬说‘这块地是我的’并找到一些头脑十分简单的人相信他所说的话，这个人就是文明社会的真正的缔造者。”③ 家庭出现后，亲情慢慢产生了，“原始人的感情的最初的发展，是由于把丈夫和妻子、父母和孩子聚集在同一个住所这一新情况促成的。共同生活的习惯，使他们产生了人类感情中最温柔的亲情：夫妻之情和父子之情”④。家庭的出现，使人们的生活方式也发生了变化，人们的生活也比原来舒适了，闲暇的时间多了，出现了男女的分工合作，也加速了语言的产生。

人们有了较为固定的住处后，也就有了更多交往的便利，相互之间就有了比较和品评，偏爱心也随之产生了。由于人有潜在的“自我完善”的能力，都有要做得更好、得到别人“偏爱”的心理趋向，尊敬、尊重等观念便产生了，文明礼貌也应运而生，人类开始步入文明社会，开始走向堕落。“他们观察不同的对象，并把他们加以比较，于是在不知不觉中便获

① 卢梭．论人与人之间不平等的起因和基础［M］．李平沤，译．北京：商务印书馆，2007：86-87.

② 卢梭．论人与人之间不平等的起因和基础［M］．李平沤，译．北京：商务印书馆，2007：89.

③ 卢梭．论人与人之间不平等的起因和基础［M］．李平沤，译．北京：商务印书馆，2007：85.

④ 卢梭．论人与人之间不平等的起因和基础［M］．李平沤，译．北京：商务印书馆，2007：89.

得了有关才能和美的观念。”[①] 才能和美的观念，使人们不断完善自己。于是，人们就将获取的动物的牙齿作为自己的装饰，这就成了自己勇武的象征，也是美的表现，人们的审美意识也在不断增强。为了获得异性的青睐，他们更注意这些禀赋的发展。随着这些观念的不断发展，人的精神和智慧也得到了提高，人们变得越来越温顺，彼此之间的交往也更加频繁，关系也得到了加强，人们开始聚会、唱歌、跳舞、休闲娱乐，这样男人和女人之间就产生了爱情。每一个人都注视别人，同时希望自己受到别人重视，成为大家关注的焦点。从而，“唱歌或跳舞最棒的人，最美、最壮、最灵巧或最善言辞的人，就成了最受人们尊敬的人，这样就迈出了人类走向不平等的第一步，这也是走向罪恶的深渊的第一步，在这种初级的偏爱心中，人们产生了虚荣心、羞耻心、羡慕心，由此最终给人类的幸福造成了巨大的危害”[②]。

这是人类发展的青壮年时期。在这个发展阶段，人类还是幸福的，他们只做一个人就能够完成的工作，而不需要别人的帮助，他们按照自己的本心生活着。当人们发觉一个人拥有两个人吃的粮食是不错的想法时，人和人之间的平等就消失了，私有制就产生了，劳动就成为必要的了，奴役和贫困也就出现了，农业的繁荣必须依靠一部分人压榨一部分人而完成，人类的血泪史也开始了。

“铁与谷物”的出现加剧了不平等的进程。铁的发现和应用，以及社会分工的出现，加剧了这种不平等，为剥削和奴役打下了物质的基础。卢梭认为，私有制得以产生，与“铁与谷物”的应用有关，与“一个人拥有够两个人吃的粮食”的私有观念有关。这也是剥削与压迫产生的物质基础和思想基础。卢梭描绘了私有制的产生过程：在第一阶段，土地变为私

① 卢梭．论人与人之间不平等的起因和基础［M］．李平沤，译．北京：商务印书馆，2007：91.

② 卢梭．论人与人之间不平等的起因和基础［M］．李平沤，译．北京：商务印书馆，2007：91-92.

有，产生了贫富差距；在第二阶段，富人欺骗人民放弃自然、自由，通过契约取得了公民的自由，建立了有利于富人的国家和法律；在第三阶段，由于富人掌握国家和法律，于是出现了主人与奴隶的区别，结果出现了全体人民毫无权利的现象，不平等就发展到顶点。

恩格斯的话说得十分公正，他说“卢梭把不平等的产生看做一种进步。但是这种进步是对抗性的，同时又是一种退步”，“文明每前进一步，不平等也同时前进一步”①。人类的进步是以巨大的退步为前提的，每前进一步，不平等也会前进一步，最终文明建立的国家和法律也走向了其目的的反面，成为一部分人压迫另一部分人的工具，这样就产生了“异化”，手段变为目的，本末倒置。

卢梭通过对人性的剖析，发现人类有善根，而且有一种天赐的“可完善性”的潜能，依靠这种潜能，人类走出了蒙昧的沼泽，却陷入了罪恶的歧途。但是人类只有依靠自己才能拯救自己，卢梭相信人类的“可完善性”会引导人类走向一个理想的福祉。人类具有“可完善性”和善根正是卢梭美育的思想基础，由此出发卢梭提出了自己美育所追求的目标。

第三节　自然之美

卢梭信仰自然神，崇尚自然美，他认为自然美是出自上帝之手的杰作，是一切美的典范。而社会的不良风尚背离了自然美的标准，败坏了人的审美品位，所以他反对人为的臆造美。他指出，只有遵循自然才能享受自然之美，只有自由自主才能领略生活之趣，所以美的涵养准则是：合乎自然的才是美的。

---

① 马克思，恩格斯．马克思恩格斯选集（第20卷）[M]．北京：人民出版社，1971：152.

一、自然美

（一）大自然里有美的典型

大自然是神的创造。卢梭信仰上帝，卢梭视野里的自然具有神性的灵韵，与无神论者眼中的自然是大不相同的。“啊，夫人，有时候我独处书斋，双手紧扣住眼睛，或是在夜色昏暗当中，我认为并没有神。但是望一望那边：太阳在升起，冲开笼罩大地的薄雾，显露出大自然的绚烂惊人的景色，这一霎时也从我的灵魂中驱散全部疑云。我重新找到我的信念、我的神、和我对他的信仰。我赞美他、我崇拜他，我在他的面前匍匐低头。”① 在卢梭的眼中，“大自然的绚烂惊人的景色”散发着神性的光辉，神的创造。他看见的“绚丽惊人的景色”也是他心灵的洞见，是他在“灵魂中”与神的相遇，就如同陶渊明“采菊东篱下，悠然见南山”，不经意间与“南山”的心会神通，这种“见”远远不同于俗常眼睛看见一缕阳光、一片云彩，这是“内在眼睛”主动的看见，他看到了自然中的神性。“大自然的绚烂惊人的景色”开启了他“内在的眼睛”，使他感应到它的美，他看到了常人所看不到的美，他在灵魂中感应到神的存在。

充满神性的自然美是美的典型。造物主这位最伟大的艺术家创造了大自然这件无与伦比的艺术品，“一切真正的美的典型是存在在大自然中的”②。大自然的美源自造物主的鬼斧神工，非人力所能及，它为人间的美创造了一种规范。这样，卢梭把柏拉图美虚无缥缈的“理式”理念置换成自然。自然显现着神性的光辉，是富有生命的自然，也富有灵性的美，人可以模仿它，但是不能创造出同样的美——自然是人世间美的模板。卢梭甚至认为“出自造物主之手的东西，都是好的”③，人类的恶都是人背离了

① 转引自：罗素．西方哲学史（下）［M］．马元德，译．北京：商务印书馆，2001：233.

② 卢梭．爱弥儿（下）［M］．李平沤，译．北京：商务印书馆，2007：502.

③ 卢梭．爱弥儿（上）［M］．李平沤，译．北京：商务印书馆，2007：5.

自然，是人的后天造成的。

因此，卢梭所说的“自然”不同于新古典主义者布瓦洛所说的“自然”。卢梭和17世纪法国的新古典主义一样，都强调以“自然”为参照，模仿“自然”，可是布瓦洛所说的“自然”实际上是笛卡尔哲学上的“理性”穿上了文学艺术的马甲，反映的是宫廷精致文雅、合情合理的生活，是理性化的、文明化的“自然”，是经过人工穿凿后的“自然”，并非原生态的“自然”。新古典主义所崇奉的“自然”是抽象化的“人性”，是受过宫廷文化洗礼的。这里的“自然”与“合适”“妥帖得体”相近。野蛮粗狂的东西不是“自然”，路易十四的宫廷生活是这种“自然”的来源，这种“自然”同民间的“自然”是相对的，与“有教养”和“彬彬有礼”相关，这里“自然”的概念相当于“文明”。而卢梭笔下的“自然”是充满神性气息的原始自然，它的美是源自神的创造，这与布瓦洛所说的“自然”是截然不同的。

（二）审美力是人的天性

卢梭认为审美是人的天性，审美力受到人本能的影响。“审美力是听命于本能的，除了本能以外，我们是找不到它那样判断的原因的。”① 实际上，关于审美感官问题的争论在17世纪就已经开始。早在17世纪，英国的新柏拉图主义者夏夫兹博里（The Earl of Shaftesbury）就提出审美是人天生的能力，人拥有一种欣赏和感悟美的特殊感官。“人天生就有审辨善恶和美丑的能力，而且审辨善恶的道德感和审辨美丑的美感根本上是相通的，一致的。他替这种天生的能力取了各种不同的称号：‘内在的感官’，‘内在的眼睛’，‘内在的节拍感’等等。后来人也有把这种感官称为‘第六感官’。”② 夏夫兹博里是经验主义的美学家，在审美中特别强调感官的重要性。卢梭的“本能”在夏夫兹博里的理论中是一种具体化特殊的感

① 卢梭．爱弥儿（下）［M］．李平沤，译．北京：商务印书馆，2007：500-502.

② 朱光潜．西方美学史［M］．北京：人民文学出版社，1979：207.

官，是专门用来审美的“内在的眼睛”。“我们是否拥有一种特殊的官能，通过它我们就能欣赏，或者‘品味’美的对象，这是一个在17世纪的思想家们那里就已经出现的问题，到了18世纪，这一问题在审美经验主义中变得极为重要。”① 人们看重的是人天生具有的审美官能，这是审美的基本条件。

“内在感官”的理论是夏夫兹博里对18世纪美学的贡献。这种运用于人的行动与性情时称为道德感官的能力，在运用于自然或艺术这些外在对象时，被称为美感。② “内在的感官”或“内在的眼睛”是审美的感官，是审美力内在的根据。需要注意的是，夏夫兹博里认为，“内在的眼睛”不同于视觉、听觉等外在的感官，它是五官感觉之外的“第六感官”。比尔斯利认为，“‘内在的感官’毕竟不同于外在的感官，而是与理性密切结合的”③，“‘内在的感官’虽与理性紧密结合，却又没有理性判断的推理过程，而是一种直觉；它的本质特征在于不通过理性而直接把握对象，但这种把握涉及将对象与一个关于和谐的先验概念进行比较。它不是感性的，却是直觉的”④。“内在的感官”的感觉是主动的，外在的感官的感觉往往是被动的。卢梭像夏夫兹博里一样，认为人的审美力与人天生的能力有关，他们也都是“自然神”论者⑤。在此基础上，卢梭把夏夫兹博里“内在的眼睛”或“内在的感官”概括抽象为审美力的“本能”，卢梭认为人具有天生的审美本能。

卢梭洞悉到理性文明的进步会给社会带来弊端。卡西勒认为，卢梭对于他所处时代的独特贡献在于，他用情感的力量解放了那个时代，把整个时代从理智主义的统治之下解放出来，“他用感情的力量来反对理性主义

① 门罗·C. 比尔斯利. 西方美学简史［M］. 高建平，译. 北京：北京大学出版社，2006：156.
② 门罗·C. 比尔斯利. 西方美学简史［M］. 高建平，译. 北京：北京大学出版社，2006：155.
③ 门罗·C. 比尔斯利. 西方美学简史［M］. 高建平，译. 北京：北京大学出版社，2006：207.
④ 门罗·C. 比尔斯利. 西方美学简史［M］. 高建平，译. 北京：北京大学出版社，2006：156.
⑤ 朱光潜. 西方美学史［M］. 北京：人民文学出版社，1979：209.

知性的诸种力量，而18世纪的文化就是以后者为依托的”①。卢梭提倡自然美，反对臆造美，倡导生活的情趣，是对以理性精神为基础建立起来的理性文化的偏颇性的一种补充，也是在理性至上时代对情感的一种解放。而在科技发展如此之快的当代，理性就像网络一样已把触角伸向了四面八方，把整个世界都网到它的统辖之中。我们的生活变得更加便利和舒适，可是我们的快乐和幸福感却没有与之同步，反而我们常常感觉压抑。美国当代艺术教育家罗恩菲尔德说：“虽然我们在专业领域，尤其是在科学领域的卓越成就提高了我们的物质生活水平，但是它们使我们偏离了那些主管我们情感和精神需求的价值观。它们推出了一套错误的价值观，忽视了个体内心深处的需求。”② 人们最深层的情感和精神需要再次被理性的统治所压抑和置换。18世纪的卢梭已经敏锐地察觉到了这样一个问题，美的享受与过度的贪欲是背道而驰的，无限欲望的满足并不能代替美的享受。

二、臆造美

卢梭认为人天生就有审美力，审美力的发展与社会环境密切相关。“审美力是人天生就有的，然而并不是人人的审美力都是相等的，它的发展的程度也是不一样的；而且，每一个人的审美力都将因为种种的不同的原因而有所变化。一个人可能具有的审美力的大小，是以他天赋的感受力为转移的；而它的培养和形式则取决于他所生活的社会环境。”③ 人的审美力是有差别的，而审美力的发展与社会环境和天赋的感受力息息相关。

---

① 恩斯特·卡西勒，彼得·盖伊．卢梭问题［M］．王春华，译．南京：译林出版社，2009：75.

② Viktor Lowenfeld，Lambert Brittain W. Creative and Mental Growth ［M］. London：The Macmillan Company，Collier-Macmillan Company Limited Press，1964：5-6.

③ 卢梭．爱弥儿（下）［M］．李平沤，译．北京：商务印书馆，2007：501.

（一）审美标准的来源

人人都具有审美的能力，而人的审美标准却是后天形成的一种理性判断。“审美的标准是有地方性的，许多事物的美或不美，要以一个地方的风土人情和政治制度为转移；而且有时候还要随人的年龄、性别和性格的不同而不同，在这方面，我们对审美的原理是无可争辩的。”① 不同地域的人，不同年龄阶段的人，不同性格的人，其审美趣味是不同的，审美受种族、时代、环境的影响，无论欧洲国家还是中国，南方人和北方人的审美情趣始终是不同的。固然，审美标准有其丰富多样性，但是这并不否认在其多样性中存在着共通性和一致性，否则就不可能有一定范围内的“审美标准”。康德就曾经提出了审美具有无概念的普遍性与无概念的必然性，人同此心，心同此理，人们有共同感，这就为相同的审美标准提供了可能。那么，这个审美标准是如何形成的呢？

休谟认为审美的标准是那些既有很高的天分，又有良好的后天训练的“精神贵族”们“一致通过的判决”。休谟在《论审美趣味的标准》中说：“就连在文化最高的时代，在美的艺术领域里真正的裁判人总是稀有的角色：要有真知灼见，配合到很精微的情感，这些要通过训练去提高，通过比较研究去达到完善，而且还要抛开一切的偏见；只有这些条件具备，才能构成这种有价值的角色。如果这样的裁判人能找到的话，他们一致通过的判决就是审美趣味和美的真正标准。”② 在审美标准如何形成的问题上，卢梭不认同休谟“精神贵族”裁定标准的看法，他反对任何权威制定标准。那么对于卢梭来说，审美标准又是怎么来的呢？难道仅仅来源于自然对每个人的神启吗？

卢梭认为良好风尚是大多数人意见的综合。而这样意见的形成需要有

---

① 卢梭．爱弥儿（下）［M］．李平沤，译．北京：商务印书馆，2007：501.

② 朱光潜．西方美学史［M］．北京：人民文学出版社，1979：207，228.

自由宽松的环境氛围，“在这种场合中，不平等的现象既不显著，偏见的压力也不太大，而且在这种场合中人们所追逐的是声色而不是虚荣；因为，在相反的情况下，一时的时髦将压倒人们的爱好，使他们在选择东西的时候，不问那个东西是不是他们所喜欢，而只问它能不能使他们引人注目”①。需要注意的是，这里的“声色”并不是外在的感官所受到的俗常刺激，而是“内在眼睛”的审美观照。在这样的氛围中，人们对美有真正的洞察，能够自由地畅所欲言。“在任何时候，让每一个人有他自己的看法，这样，大多数人所称道的东西其本身便必然是好的。”② 卢梭认为每个人洞见的美都应该是自己的亲力亲为的发现，而非来自外部权威标准的灌输。把每个人内心的洞见集合起来，就是名副其实的大多数人的喜好，“大多数人的爱好综合起来就是良好的风尚”③。在这里，“良好的风尚”近似于休谟的“趣味和美的标准”。而与休谟不同的是，卢梭所说的“良好的风尚”来自大多数人的看法，而非休谟的少数“精神贵族”的权威判断。当然应该指出，卢梭所说的大多数人也是相对而言的，它是小资产阶级的审美情趣的体现。

（二）不良风尚对审美的影响

而现实社会中，不良风尚大行其道。18世纪，卢梭生活的巴黎就是一个风尚扭曲的地方，这里的繁华掩盖着贫富悬殊的极度分化，奢侈、繁华之下是令人震惊的赤贫。有人一掷千金，有人在赤贫的边缘挣扎。而不良风尚和奢侈的生活会左右审美标准的形成。卢梭在1750年发表的《论科学与艺术》这篇论文中说：“风气败坏（这是奢侈造成的必然后果）必将导致审美力的败坏。”④ 审美力的败坏与不良的社会风尚是相辅相成的。不良的社会风尚就像一支无形的指挥棒，左右着人们的审美实践和判断，败

① 卢梭．爱弥儿（下）[M]．李平沤，译．北京：商务印书馆，2007：500.
② 卢梭．爱弥儿（下）[M]．李平沤，译．北京：商务印书馆，2007：500.
③ 卢梭．爱弥儿（下）[M]．李平沤，译．北京：商务印书馆，2007：500.
④ 转引自：李平沤．如歌的教育历程［M］．济南：山东人民出版社，2008：194.

坏着人们的审美力。

不良风尚是臆造美的来源。“大多数人的看法并不是他们自己的看法，而是他们认为比他们高明的人的看法；那些人怎么说，他们就跟着怎么说；他们之所以称道某一个东西，并不是因为它好，而是因为那些人在称道它。”① 卢梭揭示出大多数人已丧失了审美自信，习惯于跟风的一个社会现实，而这背后的原因值得人们深思。而那些“高明人”的看法又被他们身后的利益和虚荣操纵着，“支配我们的人是艺术家、大人物和大富翁，而对他们进行支配的，则是他们的利益和虚荣”②。卢梭一层层剥开了不良风尚形成的内幕：“高明人”不仅没有休谟笔下“精神贵族”对美的虔诚，反而打着审美的旗号追逐虚荣和利益，给奢侈品贴上美的标签，而大多数人不明就里，对其盲目追随，上行下效，不良的社会风尚就这样形成了，审美的标准也暗含其中。“至于臆造的美之所以为美，完全是由人的兴之所至和凭借权威来断定的，因此，只不过是因为那些支配我们的人喜欢它，所以才说它美。”③ 至此，人们清楚地看到臆造美不是源自人们对美的洞察，而完全是由“支配我们的大人物”的喜好和他们身后的虚荣和利益所决定的，只有那些能满足他们虚荣和利益的东西才是美的。所以，他们断定的美与美无关，是“伪美”，即臆造美。臆造美是少数“精神贵族”的专利，在不良的社会风尚中大行其道。虽然这些上层的精英阶层并不能代表大多数人的审美情趣，但他们的审美标准却会形成一种霸权，影响着整个社会的审美趋向。

但真正的美依然存在，它们活在大自然中，所以卢梭忍不住高喊：“世人啊，你们不要灰心，大自然还活着咧！”④

---

① 卢梭．爱弥儿（下）［M］．李平沤，译．北京：商务印书馆，2007：501.
② 卢梭．爱弥儿（下）［M］．李平沤，译．北京：商务印书馆，2007：502.
③ 卢梭．爱弥儿（下）［M］．李平沤，译．北京：商务印书馆，2007：502.
④ 卢梭．爱弥儿（下）［M］．李平沤，译．北京：商务印书馆，1978：510-511.

三、美的涵养

（一）领略季节变换

领略每个季节的美。每一个季节里都有着自然呈献给人类的美，我们要细心体味自然之神的这番心意，好好享受自然的四时之美。卢梭认为，如果人们的意志与秩序逆行，将不会给人带来乐趣，反而只会带来麻烦。有些人逆着气候到处跑，夏天想过冬天的生活，到了冬天又想过夏天的生活，夏天跑到北方，冬天跑到南方。这些人不仅没有细心地领会自然之神的这番好意，也打乱了自然默许给我们身体的节奏，花费大量的金钱使自己疲惫不堪。

体谅自然的善意。自然不仅仅是我们生活的环境，还是我们的衣食父母。自然向人类奉献着我们所需的一切，但大自然是有自己的安排和意愿的，它愿意给的东西就很丰盛和甜美，它不愿意给的东西，强行向它索要，即使它勉强给，也给得很有怨言。卢梭曾经举过一个例子：巴黎的富翁们曾经花费大量金钱在温室中种植蔬菜和水果，而这样违背自然的季候培养出的产品是劣等的。在温室中培植的花朵也没有自然的香味。人类的欲望越来越大，大自然的付出越来越勉强，给出的东西就会是质量很差的东西。普希金曾创作过一个广为流传的童话故事——《渔夫和金鱼的故事》，在这个故事中，小金鱼象征着自然，渔婆则象征着人类不断膨胀的欲望，她不断向小金鱼索取，最后，终将被自然驳回所有的欲求。卢梭认为，人不被贪婪、奢侈蒙住双眼，才能使审美的内在眼睛看见寻常生活的美，才能为有别于本能需要的审美需求腾出大量的空间和时间。守住本心，感恩自然的赐予；限制不断膨胀的欲望，美才能驻留心间。而当人类的心灵被无穷的欲望填满的时候，就不会再有空间为美留下。

（二）生活之趣的真谛

生活之趣的真谛——自由和自主。在现实的生活中，卢梭婉拒了国王赐给的丰厚年金，宁愿过着靠抄乐谱谋生的生活，就像哲学家斯宾诺莎选择了靠磨镜度日，而不选择去做大学教授，因为斯宾诺莎害怕一旦当了大学教授，他将会失去自由。卢梭指出，一个懂得欣赏美和过简朴生活的人，最重要的是它能够做自己的主人，有自由的权利。卢梭认为，一个人只要身体健康，无温饱之忧，不奢望拥有巨额的财富，他自身所拥有的财富就已经很多，他就是一个富足的人。“这就是贺拉斯所说的‘以中庸为贵’。”[①] 对卢梭来说，“自由和闲暇”是他千金不换的珍宝，也是他想散尽千金换取的珍宝。拥有闲暇和自由，才能按照自己的心意过一种自主的生活。这才是卢梭所看重的。在他眼里，住所朴素简单，就可以心无挂碍地周游世界，享受世界的美；衣饰简单，就可以自由地周旋在不同阶层的人群中，享受与不同人群打交道的乐趣；抛开了利害和金钱的打算，用情趣的纽带连接起友谊，就可以享受到友情的美。他的所有这些都是对生活取一种审美的趋向，也就是要减少人的欲望，摆脱外在的束缚。正是基于这一点，他对赌博这种充斥着贪婪欲望的休闲活动深恶痛绝。卢梭认为，人们喜欢赌博多数是因为他生活贪婪和无聊，而心灵高洁、知识丰富的人不会去选择那些心灵空虚和没有大脑的人才选择的事情。

情趣随生活变动而流转不已。卢梭认为他不会在乡下过城市里那样的生活，在乡间就要过田园的生活。可以把一间小小的白房子修建在绿树成荫的小山坡，可以把自己耕种的果园和菜地当成休闲的花园和公园。朱光潜认为，情趣源自物我相互间的交流和共鸣。如果生活的场景变化不断，人们的情趣将会随着转换不止。人们有自己的个性，事物也有自己的特性，而人的个性和事物的特性是在不断变化发展的。朱光潜还指出，人们

① 卢梭．爱弥儿（下）［M］．李平沤，译．北京：商务印书馆，2007：524.

在一时一地所见到的景物、所产生的情趣，都有自己的特殊性，不会产生雷同。毫厘之差，微妙所在。在这种生生不息的情趣中我们可以发现生命的造化。[①] 生命不止，其中的天光云影就会流动不已，物我交汇而生的情趣就会变动不居。这同卢梭所表达的情随物转的意思是相通的。

我们对卢梭生活之趣的探讨需要从文本的语境回到社会文化的语境，回到卢梭所生活的环境——18 世纪法国的巴黎。

18 世纪法国首都巴黎，是个非常典型的小资产阶级占主导地位的城市，生产是以小手工业和家庭手工业为单位，营销的商家店铺也是以极为多数的小铺和小商店为主，工业产品主要以奢侈品为主，例如，精美的家具、地毯、珠宝、丝织物、香粉等。在当时的巴黎还居住着 15 万无产者，而其中每年都会有大量无产者由于疾病、衰老或者失业而流落在巴黎的街头巷尾。

卢梭既不是挣扎在生存边缘的无产者，也不是穷奢极欲的特权阶层的豪奢者，他有母亲留给他的微薄的遗产，靠自己的一技之长在巴黎谋生。他无疑属于小资产阶级之列，他的审美情趣表现着小资产阶级的审美趋向。他认为无论是自然环境还是社会的闲暇生活都应该是美的，这两种美在属性上应该是一致的。

① 朱光潜．谈美书简［M］．上海：上海文艺出版社，1999：192.

第四章　卢梭美育的内容

本章从感觉的训练、情感的培养和意志力的锻炼三个方面来概括卢梭美育思想的内容。在这一过程中，卢梭把尊重学生身心成长的规律与尊重学生的兴趣需要结合起来，使内在的自由与外在的自由统一在快乐的教学活动中，“这种自由，是合规律性和合目的性的统一，是真和善的统一。这是真正的自由”[①]。卢梭在阐释这三方面的教育时，始终体现出真和善的和谐统一。卢梭美育思想的内容就是在具体的教学实践活动中体现出这种自由。

第一节　感觉的训练

卢梭认为，在童年时期，感性是醒着的，理性处在睡眠期，所以要重视感性教育，重视感官的培养。感官的培养要以审美教育为基础。但是人们常常忽略感官的存在，甚至遗忘了感官，所以更要强调对感觉器官的训练。触觉和视觉是两种主要的感觉器官，本节以这两种感觉器官为例，论述卢梭为什么要对感觉器官进行训练，以及怎样训练；同时阐述培养感觉器官的重要意义。

---

① 叶朗．中国美学史大纲［M］．上海：上海人民出版社，1985：122.

一、感官的发展

（一）触觉

在生命的进化过程中，触觉的产生是一件极为重大的事件。最早的由多细胞组成的生命体，其表面细胞已经开始具有触觉的功能。如果有外物触及它们，细胞体内的分子就会将接收到的信号传递给另一个分子，这些分子形成一个特定化学反应链，于是细胞就会对外物的接触产生反应动作。一般来说，生物的触觉感受来自压力或牵引力的作用，因此所谓触觉实际上就是接触、压迫、滑动、拉扯等机械刺激的总称。

人类是通过皮肤内的感觉神经和运动神经来接受外界的触碰刺激的。人体皮肤表面分布着大小不一的触点，能够感受各种刺激，并引起相应的神经反射。这些触点的分布并不均衡，最多的是在指腹处，其次是头部，背部和小腿处最少。所以，人类在用手指接触外物时最敏感，而背部和小腿处接触外物时则要迟钝得多。

对人类来说，还在母腹中的婴儿就已经开始具有了触觉这一感觉功能。现在的胎教让母亲在早期胎动不规律的时候，定时按压、抚摸某些特定部位，使腹中婴儿持续接受刺激，最终养成定时定位胎动的习惯，其实就是利用和发展婴儿触觉的典型事例。婴幼儿每天都在频繁地使用触觉，而且是在不知不觉中接受训练的。例如，所有婴儿在饥饿时都会去啃咬抱他的人，同时头部左右摇晃做出寻找乳头的姿态，这就是通过触觉发出信息，表达自己想吃奶的意愿。

人的触觉除了能够感知外物，还能够表达各种情感。例如：当一个人处于困境时，朋友温暖的手搭在他的肩上，就会使他精神振作，增添战胜困难的勇气；当一个人焦虑不安时，朋友那搭在他肩上的充满友爱的手，又会使他心情放松，缓解紧张情绪；当一个人悲伤哭泣时，有人为他轻轻擦去泪水，就会使他的心灵感到无比的慰藉；朋友间热烈的握手则可以使他们感受到彼此友情的深厚。总之，这些触觉都具有情感传达与交流的功能，这一点对于儿童更为明显，当孩子因受到惊吓而恐惧不安时，一个亲切的拥抱，一个头部的抚摸，一个脸颊的亲吻，都会使他获得安全感。

卢梭很早就意识到人类对于触觉器官的应用，他曾经指出，触觉是我们处于清醒状态时一直在为我们服务的感觉器官。卢梭还把触觉比作一个从不休息的哨兵，这个哨兵非常警惕，一发现外界有可能对我们的身体造成伤害，就会立即传达给我们，并做出相应的肌体反应。“正是有了这种官能，才使我们不论愿意或不愿意都要通过它的不断运用而尽早地获得经验，因此也才使我们无须对它进行训练。”① 所以也就留给我们一个印象，仿佛触觉不需要训练，其实不然。卢梭还注意到常人的触觉在白天是与视觉一同使用的，一旦处在黑暗中，当视力不再起作用时，常人的触觉与盲人的触觉相比，就有明显的不足。也就是说，当把触觉作为一种独立的感觉器官使用时，其准确性和敏感性需要通过学习和训练才能提高。

关于触觉的学习和训练，卢梭提出了四种方法②。第一种方法是用触觉器官代替视觉器官。卢梭发现盲人的触觉比正常人的触觉要更为灵敏和准确，因为盲人缺少了视觉的能力，迫于生活需要，不得不多应用触觉来补偿视觉的不足。那么遵从此理，在训练触觉的时候，就可以借助在黑暗中行路，或在黑暗中分辨所接触到的事物等方法，来达到训练和提高触觉的目的。第二种方法是用触觉代替听觉。卢梭认为，训练有素的触觉既然可以代替视觉，那么当然也可以在一定限度内代替听觉。这样推理的依据是触觉能够感受到发音体的波动。在此卢梭举例说，当人把手放在钢琴上时，不用看也不用听，仅仅凭借着双手所感受到的颤动和震动，就能够区分出声音的高低、尖锐或浑圆等特征。卢梭还指出，如果触觉受到这种感受发音体波动的训练，人们就能够用手指读懂琴键所发出的全部音调，从

---

① 卢梭．爱弥儿（上）［M］．李平沤，译．北京：商务印书馆，2007：162.

② 滕大春．卢梭教育思想述评［M］．北京：人民教育出版社，1984：99-101.

而代替听觉，用触觉来感受和欣赏音乐。第三种方法是要保证皮肤的敏感度，尽量避免接触粗糙物品，保持皮肤的细嫩和敏感，不要让皮肤因接触粗陋的物质而变得反应迟钝。第四种方法是在黑暗的夜间进行游戏。卢梭认为，夜间的游戏不但能充分运用触觉，使触觉全面而准确地得到发展，还能够解除儿童的一些惧怕心理，锻炼胆量，使他们在日后的学习和工作以及人生经历中更敢于大胆地从事夜间活动。

（二）视觉

与触觉一样，视觉也是生命体的一种重要感觉。视觉的产生是光作用于视觉器官，引起视觉神经细胞的兴奋，并通过视觉神经系统将获得的信息进行加工的结果。人依靠视觉能够清晰地感知外物的形状、大小、明暗、颜色、动静等信息。人类至少有 80%以上的外界信息是通过视觉获得的，所以，除触觉外，视觉是人类最重要的感觉。

人类通过视觉接受外界信息，需要眼睛和大脑中枢神经这两个部门的协调合作。眼睛又可分为感光细胞的视网膜和折光系统两个部分。人类眼睛适宜接受的电磁波的波长是 370—740 纳米，这也就是可见光部分。通过折光系统，这部分光在视网膜上成像，再通过视神经传到大脑视觉中枢，大脑视觉中枢就可以分辨所看到的物体的具体情况。

因为视觉是通过眼睛来接受外界环境中一定波长范围内的电磁波刺激，再经过中枢神经对有关信息进行编码加工和分析而获得的主观感觉，所以视觉信息很容易发生错误。卢梭也意识到了这一点，只是他所处的那个时代还不具备足够的科学知识，他是从自己的经验中得出了类似的见解。卢梭认为，在我们的各种感觉中，视觉是最容易发生错误的。因为人类的眼睛能够同一时间看得到地平线内接近半个圆弧内的东西，它延伸的地方太远、涉及的范围也太广，广大范围内的众多感觉和经由感觉得来的判断在同一时间涌入人类的大脑，有着太多的庞杂信息，就难免发生误差和错误。视觉容易发生错误还在于它总是比其他的感觉先接触到物体，这就导致视觉的作用总是发挥得太快，其他的感官没有时间对它所得到的信息提前加以矫正①。

对于视觉的这种错误，卢梭认为出错的原因并不在于视觉本身，而在于人们对视觉的运用。他指出，普通人在目测高度、长度、深度和距离等时候，往往不是很准确，而那些专业的工程师、测量师、建筑师、泥水匠和画家们在观察事物时，一般都会比普通人的眼力准确很多，对于物体的高度或幅度都会有一个非常接近实际事物的观察结果。这也就意味着人类视觉发生的错误的主要原因在于人类对其的运用，工程师、测量师、建筑师、泥水匠和画家等这些职业使他们在视觉方面获得了普通职业者所没有的经验，所以他们能够用同视角相伴随的幻象去矫正视觉的谬误，这样他们的眼睛便可以更准确地确定构成这个角度的两个原因之间的关系，从而得出比较接近物体原貌的数据。② 此外，视觉在所有感觉中同心灵的关系是最为紧密的，对视觉进行训练能够明显地提高人类的心智技能，因此对视觉进行训练就显得尤为必要。卢梭认为，要使视觉熟练而且能够准确地观察形状和距离之间的关系，就要对视觉进行长时间的适当训练，学会如何观看，并且常常需要把视觉同触觉加以比较。

滕大春教授曾经对卢梭的视觉训练方法进行过归纳。滕大春教授认为，卢梭所提倡的第一种方法，就是采用触觉来辅助视觉的训练和培养，并用触觉来检验视觉所获得的印象。卢梭认为，在对视觉器官进行训练的过程中，应该经常采用感觉器官之间的互相转换和验证，例如用触觉器官检验视觉感官的印象，使视觉感官从属于触觉感官，用触觉去矫正视觉。卢梭所提倡的第二种方法，是绘画的方法。透视的原理很抽象，对于没有相关知识基础的人来讲，可能很难快速地接受和掌握，但是通过让学生学习绘画，可以帮助他们较快地理解和掌握透视的方法，而且这种方法还有

① 卢梭．爱弥儿（上）［M］．李平沤，译．北京：商务印书馆，2007：173.
② 卢梭．爱弥儿（上）［M］．李平沤，译．北京：商务印书馆，2007：174.

助于培养学生敏锐的观察能力。卢梭所提倡的第三种方法，是在活动中练习观察力。卢梭在其著作《爱弥儿》中曾经设计了一个活动，在竞走比赛之前，老师有意地将几条距离不等的跑道让儿童选择，有的儿童由于不知道跑道的长度，又没有认真观测跑道的长度，便轻率地选择了较长的跑道，导致在竞赛中失败了。比赛结束之后，选择了较长跑道的孩子才看出这项安排不公平，因而抱怨起来，但一切都已经晚了，最后得出的教训就是一定要准确判断距离。通过这样的活动，他就会在以后的生活和学习中有意无意地练习观测远近，从而不知不觉地提高了判断距离的视力，以至于到后来一瞥眼间所测量出来的数据就和测量员的链尺一样准确。

触觉和视觉作为最主要的感觉器官，训练的方法上有不同的地方，也有相同的地方，例如各种感觉之间相互促进的作用。这种相互促进的效果对于其他各种感觉的训练同样明显，所以可以将其普遍应用于其他一些感觉的训练和提高。① 在这里有必要做特别介绍的是第六感觉，卢梭把第六感觉称为共通的感觉，这样的称谓并不表示每个人都拥有这种感觉，而是因为通感是在其他各种感觉的良好配合使用下才能够产生的一种感觉。通感具有任何其他单个感觉都不具备的功能，它能够通过事物种种外形的综合而使我们快速地知道事物的性质。也因为如此，第六感觉并不具备一个单独的感官，它只存在于人的头脑里，完全是内在的、抽象的、虚幻的，我们可以称它为“知觉”或“观念”。这种知觉或观念可以用来衡量人类的知识，包括知识的广度、深度等，例如要看一个人的思想是否正确，就需要看这种观念的清晰程度和精密程度；而我们所谓的人类智力，就是把个人所拥有的这种观念加以比较的艺术。因此，当我们说感性地理解事物时，就是指通感把几种感觉组合成简单的观念；当我们说理性地理解事物时，则是指通感把几个简单的观念组合成比较复杂的观念②。

---

① 卢梭．爱弥儿（上）[M]．李平沤，译．北京：商务印书馆，2007：186.
② 卢梭．爱弥儿（上）[M]．李平沤，译．北京：商务印书馆，2007：202.

卢梭在这里所说的第六感觉，首先是建立在其他各种感觉的基础上形成的一种综合的知觉，是后天形成的。它不同于夏夫兹博里的“第六感觉”，夏夫兹博里所说的“第六感觉”是天生就有的一种感官，是神意的体现。其次，理清了感性的理解和理性的理解之间的关系，感性的理解是把感觉组合成简单的观念，理性的理解是把简单的观念组合成比较复杂的观念。再次，理性源于感性的实质就是各种感觉由简单到复杂的不断综合，理性不是天生就有的，而是后天形成的。最后，正确判断的形成源于正确的感知，正确的感知源于各个感觉器官的敏锐和正确的使用，而这需要正确的训练才能实现。卢梭试图从培养人的感觉器官的敏锐性和准确性入手，来培养能够独立观察、独立判断，不迷信世俗的偏见和权威，有自己思想，独立不依的人。因此，在教学中，卢梭主张对儿童采用直观、实物的教育，以便使他们获得关于事物的确切可靠的观念和知识，反对强制灌输各种烦琐的知识和宗教信条。

二、感官美育的意义

在很久以前，柏拉图就提出了人类不同于一般动物在于人类具有理性的说法。关于理性的来源，柏拉图认为那是理念世界所赋予的，并不是来自现实世界。为了解释人类为何在最初的生命阶段并不具备这种理性，柏拉图提出了一种假说，认为人们原是借着由理念世界获得的理性而认识一切事物的，只不过人类在出生时曾经受到过母体的惊扰，婴儿在恢复这种理性能力之前又受到外界各种事物的蒙蔽，因而这种本来具有的天赋理性常常会失去作用。要想使这种理性能力得到尽快的恢复，就需要每个生命个体通过自己的沉思追想，或通过别人的诱导，来唤醒沉睡的理性，使它在头脑中复活过来。这样的假说就使柏拉图推断出发展理性主要不靠感官去和事物接触的结论。① 由于柏拉图的这种假说，西方的思想界在源头上形成了理性源自理念的传统。在漫长的中世纪发展过程中，理念则逐渐被置换成上帝。但无论怎样置换，理性的产生和发展与感性都没有发生任何联系。

18 世纪法国启蒙运动的兴起，是英国经验主义在法国传播的结果。英国的经验主义强调经验源于感觉，源于科学试验，理性则来自感性经验的积累和升华，而不是来自神启，这是对理性来源的新发现。卢梭接受了这一理念，并把这一理念自觉贯穿到了教育领域，这是对西方教育传统的一个反驳和颠覆。在这一点上他与洛克有着本质的区别，洛克虽然是经验主义的倡导者，但在教育领域内，他仍然主张教育应该从理性开始。

在卢梭看来，儿童时期的主要特点就是不断地行动，从婴儿出生开始，他就在通过感官与外界接触从而逐渐形成对于事物的认知。而且孩子是好奇的、好动的，什么东西他都要摸一摸、动一动，有时候教育者对于这种好动会感到厌烦，但这正是孩子们了解世界的方式，所以绝对不要去阻止他、限制他；相反地，好的教育者应该引导他运用正确的方法，教给他从看、摸、听中逐渐学会思考，从而得出自己想要得到的知识和结论。除了要通过对事物充分的听、闻、嗅、触、尝来获得关于这些事物的知识外，卢梭认为更重要的还有获得健康的体魄、自由的体验和自主思维的能力：

> 自然的学生，他从小就锻炼自己尽可能地依靠自己，所以没有经常去求助他人的习惯，更不善于向他人炫耀自己的学问。不仅如此，他对所有一切同他有直接关系的事物都要进行判断，考虑其后果和分析它的道理。他不夸夸其谈，他要实际行动；他对世上的事情一无所

① 滕大春．卢梭教育思想述评［M］．北京：人民教育出版社，1984：95.

知，但是他非常懂得他应该做的是哪些事情。由于他经常不断地在活动，所以他不能不对事物进行仔细的观察，好好地考虑其影响；他从小就获得了许多的经验，他的经验是取之于自然而不是取之于人；正因为他不知道教育的意图，他所受的教育愈能发挥良好的效果。这样，他的身体和头脑同时都得到了锻炼。他始终是按照他自己的思想而不是按照别人的思想进行活动的，所以他能不断地把身体和头脑的作用结合起来；他的身体愈健壮，他就变得愈加聪明和愈有见识。这个方法可以使他将来获得一般人认为不能同时具有的东西，获得大多数伟大的人物都具有的智力和体力，获得哲人的理解力和力士的精力。①

在卢梭这里，教育的真正目的是为理想的社会培养理想的公民，即为一种自由平等的契约社会培养爱弥儿式的人。爱弥儿式的人是一种完全自由和独立的人，他不迷信任何权威，也蔑视世俗的条条框框。与他的教育目的相适应，卢梭在教育史上第一次真正“发现”儿童，提出在教育过程中“儿童在成人以前就要像儿童的样子”②，“在万物的秩序中，人类有它的位置；在人生的秩序中，童年有它的地位；应当把成人看作成人，把孩子看作孩子”③。卢梭颠覆了之前教育过程中把儿童当作小大人来教育的观念。不仅如此，卢梭的先感性后理性的教育模式也严格遵循着人类生理发展的规律，要求教育要紧紧地与人的身心发展的各个阶段相一致，这是卢梭教育观的首要原理。

卢梭认为，人类一生的成长是可以分为具有本质差别、各自独立发展的阶段的，不同年龄阶段的生命个体有其生理和心理特质，童年、青年和

① 卢梭．爱弥儿（上）［M］．李平沤，译．北京：商务印书馆，2007：139.
② 卢梭．爱弥儿（上）［M］．李平沤，译．北京：商务印书馆，2007：91.
③ 卢梭．爱弥儿（上）［M］．李平沤，译．北京：商务印书馆，2007：74.

成年期的心理特质各不相同又各有侧重，所以教育者应该悉心研究这些特质，遵循这些规律，尽量使受教育者在不知不觉中按照教育者的意图发展，并且是在德、智、体等诸个方面获得自然的、均衡的发展。[①] 在这种主导观念的支配下，卢梭认为良好的教育主要来自三个方面："或是受之于自然，或是受之于人，或是受之于事物。"[②] 如果人类的教育来自自身才能和器官的内在的发展，那是自然的教育；如果是在别人的教导下知道如何利用某种事物，从而得到发展，那是人的教育；如果人类单纯从自然界的事物中获得影响，得到成长和发展，那就是事物的教育。卢梭认为，我们每个人都是由上述的三种教师培养起来的，并且只有这三种教育在一个人身上达到和谐一致时，这个人才算是受到了良好的教育。但是自然的教育完全是不能由我们人类来决定的，事物的教育也只有在某些方面能够由我们决定，只有人的教育才能够被我们真正地加以控制和利用。所以，教师在教育过程中的作用就是使可调控的教育配合不可调控的教育，从而促使三种教育和谐发展，最终教育出具有良好素质的人。但是，这是一项极其艰难的任务。

因为感性先于理性而发展，是人类自然身心发展的规律使然，所以人类精神要想得到发展、学会思想，就需要先锻炼四肢、感觉和其他各种器官，使它们得到充分的发展。这既是人类发展的需要，也是培养独立思考能力和正确判断能力的需要。卢梭把人类的儿童时期称为理性的睡眠时期[③]，并在此基础上反驳了洛克的教育思想。洛克虽然在哲学思想上属于经验主义流派，承认感觉经验是一切知识的来源，可是在教育思想上仍然秉持着理性教育优先的理念。这个在当时看来最时髦不过的教育原理，在卢梭看来，时髦性却远远不能说明它的可靠性。卢梭发现："再没有谁比

---

① 王树人，李凤鸣．西方著名哲学家评传（第五卷）［M］．济南：山东人民出版社，1984：225.

② 卢梭．爱弥儿（上）［M］．李平沤，译．北京：商务印书馆，2007：7.

③ 卢梭．爱弥儿（上）［M］．李平沤，译．北京：商务印书馆，2007：119.

那些受过许多理性教育的孩子来说更傻的了。”① 他认为，在人的一切感官中，理智官能是由其他各种官能综合而成的，因此理性最难以发展，也发展得比较迟，这是人类智能发展的自然规律，不可违忤。有的人在教育过程中无视人类发展的自然规律，想要用理性去发展其他的各种官能，这就犯了本末倒置的错误。教育的目的是造就一个有良好理性的人，这没有错，但是无视儿童所具有的感性经验，盲目用理性去教育孩子，是把目的当作了手段，既违反了教育规律，揠苗助长、欲速不达，也不会培养出理性的人，反而会培养出怪胎。

在卢梭看来，理智是人的一切官能中最难以并且最迟得到发展的官能，它由其他官能综合而成，不是可以单一发展的官能。强行地灌输儿童不能理解或是只能一知半解甚至加以曲解的知识，包括科学知识、人文常识和宗教知识，所得到的结果只能是使他产生偏见、成见，逐渐养成听信权威和别人见解的习惯，这种习惯将妨碍他日后接受其他正确的知识，也妨碍他今后独立运用自己的理智，更妨碍他在智力发展的适宜阶段找到获得正确无误的学问的方法和途径：

> 如果孩子们是懂道理的话，他们就没有受教育的必要了；但是，由于你们从他们幼年时候起就对他们讲一种他们根本听不懂的语言，因而就使他们养成了种种习惯：爱玩弄字眼，爱打断别人的一切讲话，自己认为自己同老师一样的高明，凡事总爱争辩，总不服气；所有一切你想用合理的动机叫他们去做的事情，今后都只能够以贪婪、恐惧或虚荣的动机叫他们去做了。②

---

① 卢梭．爱弥儿（上）［M］．李平沤，译．北京：商务印书馆，2007：89-90.

② 卢梭．爱弥儿（上）［M］．李平沤，译．北京：商务印书馆，2007：90.

在给孩子讲道理的过程中，教育者经常不自觉地会带有威胁、强迫、阿谀、许诺等不健康的成分。孩子在接受这些理道的时候，为了得到奖励或避免惩罚也会采取虚伪、奸诈的行为。这样说理教育的结果是道理没有被真正弄懂，孩子的人格却因此变得伪善起来。这种先理性的教育暴露出的更大缺陷是教育目的（善）与教育规律（真）之间的不和谐，甚至背离。卢梭所推崇和实行的教育，是把教育的目的（善）落实到对具体规律（真）的尊重和遵循的层面上。在哲学层面上，真与善的和谐所呈现出的自由状态就是美，而在实践中，这种遵循真、美和谐的教育就是一种完美的教育模式，是一种理想的教育境界，即美育。

卢梭关注的是一种理想人格的建构，是人的自由和尊严等内在价值的实现，而不是仅仅限于功利主义价值的实现。他重视感性，是因为感觉器官是我们获取知识的门户，是形成独立判断的起点。人只有通过亲力亲为才能建立起自己的正确观念，才能不迷信权威、不信奉偏见，才能建立独立自由的人格和尊严。

卢梭对感官的感觉和训练是有着自己的看法和要求的，他指出："锻炼感官，并不仅仅是使用感官，而是要通过它们学习正确的判断，也就是说要学会怎样感受；因为我们只有经过学习之后，才懂得应该怎样摸、怎样看和怎样听。"[①] 这与平常被动地看、听、触是不同的，这是一种主动有意识的锻炼和学习，学会怎样感受，从而学会怎样正确地判断。

感性是理性的来源和基础，感性经验是形成独立思考和判断的基础，是培养自由独立人格的唯一途径。卢梭曾经指出过感性经验的重要性："由于所有一切都是通过人的感觉器官而进入人的头脑的，所以人的最初的理解是一种感性的理解，正是有这种感性的理解作基础，理智的理解才得以形成，所以说，我们最初的哲学老师是我们的脚、我们的手和我们的

① 卢梭．爱弥儿（上）［M］．李平沤，译．北京：商务印书馆，2007：161.

眼睛。”①

第二节　情感的培养

卢梭认为，“自爱”是自然人最原初的情感。自然人对别人既没有善意的关心，也没有暴力统治的倾向，只有冷漠。“自然人心态中的显著要素便不是以暴力压迫他人，而是对他人漠不关心。”② 而幼儿的情感，就像最原初的自然人一样，只有“自爱”的情感，对其他人都很冷漠，情感的发展是很缓慢的。卢梭指出，“怜悯”是自身有了痛苦的体验后才产生的情感，与想象力密切相关，而“爱”是一种社会情感。

一、情感萌芽于自爱

卢梭认为儿童最先拥有的情感是自爱，以此为基础，向外延伸。他指出，小孩子最先具有的情感是爱他自己，就如同自然状态的人最初的情感是自爱一样；在自爱的基础上才能扩展出第二种情感，即爱他周围亲近的人，因为这些人给予他无微不至的关心和帮助，之后这种爱还会从亲情推及爱情和友谊等诸多情感。卢梭追根溯源，将探究的目光投向人类的原始阶段，探讨人类最初的欲念，认为人类种种欲念的发源，所有一切欲念的本源，唯一一个同人类一起产生而且终生不灭的根本欲念，就是自爱。自爱是原始的、内在的、本能的，它先于其他一切欲念而存在，而且其他一切的欲念也是以自爱为基础发展演变而来的。③ 在著作中，卢梭曾经反复强调，自爱是一切情感的根基，是一切欲念的来源。就如同自由是人的本

① 卢梭．爱弥儿（上）[M]．李平沤，译．北京：商务印书馆，2007：149.

② 恩斯特·卡西勒，彼得·盖伊．卢梭问题 [M]．王春华，译．南京：译林出版社，2009：91.

③ 恩斯特·卡西勒，彼得·盖伊．卢梭问题 [M]．王春华，译．南京：译林出版社，2009：289.

性，与人的生命相始终一样，自爱也是一种伴随生命开始就产生的自然情感，也会伴随着人生命的终结。所以在教育过程中，教育者要尊重情感发展的规律：从自爱到怜悯，从本能的情感到理性情感的提升。

自爱是人类的一种本能，它源于自我保护的需要和维持生存的需要，从自爱推演开来，我们会爱那些帮助我们的人。卢梭认为，爱自己先于爱其他的一切。在自然状态中，人是一个独立的个体，他的任务就是保护好自己的生命，维持好自己的生存。自爱是与他生命相始终的本能情感。从自爱这种感情中，我们又会推演出一个结果：我们同时爱保持我们生存的人。因此，所有的儿童都爱他们的乳母，甚至连罗谬拉斯也一定深深地爱着那只曾经用乳汁哺育过他的狼。这种无意识的爱纯粹出于本能，与自爱一样，只不过是自爱范围的延伸。[①] 婴儿最先具有的情感是自爱这种本能，第二种情感就是去爱那些帮助他生存的人，如他的妈妈、乳母等。卢梭把儿童时期的孩子等同于人类初期的自然人，婴幼儿的活动还没有脱离本能的范围，没有经历过复杂的社会生活，他的情感体验也还不丰富，感情也很简单，只有两种看起来很明显的感情：高兴和痛苦。高兴时他就会笑，痛苦时他则会哭。婴幼儿们没有介于这两者之间的情感，这两种情感是他表达基本需要的方式，是保持他生命存在的一种诉求。

人类情感的发展很缓慢，它是人类机体内部的一种有规律的生长，而不能依靠老师从外部灌输。卢梭认为，人类在童年时期，除了本能的自爱以外，还没有社会的情感，他丰富的社会性感情还在沉睡之中。所以当学生还没有丰富的情感的时候，最好不要教他去朗读或者背诵那些充满各种丰富情感的悲剧或喜剧的台词，他不可能做得好，因为他内在丰富的情感还没有被激发出来，还不能把自己所体会到的深厚情感融入声音。所以儿童的讲话声音会很单调。即使很聪明的孩子也做不到能有声有色地说一件

① 恩斯特·卡西勒，彼得·盖伊．卢梭问题［M］．王春华，译．南京：译林出版社，2009：289.

他们一点也不懂的事情，或者非常有表情地抒发他们从来没有体会过的那种情感。[①] 所以在这个时期，要注意不对孩子进行感情教育，正确的做法是根据他们身心发展的特点，进行感官的训练和培养，使学生能敏锐地感知，独立地判断，以便形成正确的观念。这是建立良好的社会情感的重要基础，有了这样的感官的训练做铺垫，一旦到了社会情感被唤醒的青春初期，孩子必然是心地仁慈和十分厚道的，因为他的情感在很大程度上是依靠观念的真实和正确。认识到正确的观念和真实的情感体验之间密不可分的关系，是卢梭的独到之处。

正因如此，任何人在教育过程中如果想揠苗助长，其结果将会适得其反，不但教育不出有感情的人，反而会培养出无情的虚伪之人。因为教育者很早就教会他们玩弄感情，在他们还不懂得感情时就已经教会他们说带感情的话，以至于他们成年之后谈起话来也总是那种腔调，使人们没有办法看出他们什么时候说的是真话，什么时候说的是假话，也就无从了解他们的真正感觉、感受，以及情感。卢梭还拿爱弥儿作例子来说明自己教育的结果。在卢梭的教育方法下，爱弥儿在他的童年时期从来没有动过什么感情，也没有说过任何假话。在爱弥儿还不懂得什么是爱之前，卢梭从来不强迫他向任何人说"我很爱你"之类的话；同样地，卢梭也从来没有向他要求过他在爸爸、妈妈或生病的老师的房间里应该表现出什么样子，更不告诉他怎样在他心中根本没有忧愁的时候装出一副忧愁的样子等，也就是说，卢梭在教育儿童时期的爱弥儿的整个过程中，从来不向孩子施加大人的情感，只是让他自由发展，慢慢地等待他从自己的内心里产生出相应的各种情感。所以，童年时期的爱弥儿就明显表现出与早期自然人极为相似的特质，即只关心他自己，对于除他自己之外的人，他一概都是不注意的。这样教育的结果使爱弥儿把自爱这种情感表达得淋漓尽致，从而不再

---

① 卢梭．爱弥儿（上）［M］．李平沤，译．北京：商务印书馆，2007：188.

具备他这个年龄段不该具有的虚伪、做作等。

二、怜悯源于想象

卢梭认为，情感的成长必须是自己亲力亲为的体验，而不是像知识的积累，从外面灌输就能获得。人的情感的成长是很缓慢的，是必须在自己有生活的经历、有各种情感体验的基础上，才能谈得上情感的培养和成长的。所以卢梭在《爱弥儿》的第四卷才开始谈感情教育的问题，这个时候他的学生爱弥儿已经 16 岁，进入了青春的初期。卢梭认为，人类成长为 16 岁的少年时，才逐渐开始能够懂得一些痛苦。虽然在儿童时期他自己已经经历过这种痛苦，但是他还不太清楚别人也有过同样的感受，所以那个时候他只能知道他自己的痛苦。但是等他有过痛苦的经验，又看见别人经历同样的事情、拥有同样的情感时，就会燃起他想象的火焰，使他想起自己经历痛苦时的情境，这个时候他就会设身处地为别人想一想了，从而会为别人的烦恼感到不安，为别人的痛苦感到忧伤。这种想象的火焰燃烧的结果，就是那苦难人类的凄惨情境在他的心里唤起一种他从来没有体验过的同情之感。所以卢梭认为，人类只有自己体验过痛苦之后，才能够设身处地地去感受别人经受的苦楚，但是只有当感官的想象力发展起来之后，它才会通过移情似的想象来推己及人，感受别人所感受的事物及情感，怜悯也随着同情而生，这种情感是按照自然秩序第一个触动人心的相对情感。遵循着这样的规律，教育者如果想要孩子变成一个有感情和有恻隐之心的人，在教育过程中就必须使孩子知道，有一些跟他相同的人也遭受到他曾经遭受过的痛苦，有一些人也感受到他曾经感受过的悲哀。此外，教育者还必须使孩子知道，其他人与他自己相比，还有着一些另外的痛苦和悲哀。[①] 所以，在教育的过程中一定要注意开阔孩子的眼界，开阔眼界的

① 卢梭．爱弥儿（上）[M]．李平沤，译．北京：商务印书馆，2007：306.

目的并不仅仅是让孩子看到人生的美景、社会的繁华和灿烂，还要帮助他从自己狭小的天地中走出来，睁开眼睛来看一看周围的同类，他不是这个世界中唯一的存在，使他看到他所经受的痛苦很多人都经历过，也看到这个世界上还有很多人生活得不如他好，还有更多人是在不幸和痛苦中挣扎，这样他就会感到他所经受的痛苦也是人类都会经受的痛苦，也能够理解他是人类中的一员，是芸芸众生中的一个。

遵循人类自身的自然发展过程，情感教育必须建立在学生有了痛苦体验的基础上，所以在具体的教育过程中一定要首先让学生看到人类的苦难场景，凭借想象力去感受别人的痛苦，从而培养学生怜悯体恤别人的情感，情感教育只有这样才能拉开序幕。卢梭之所以用这样的情感教育作为开端，是基于他对人生的深刻理解。他认为人都是赤条条地来到这个世界上的，人生的很多困境都需要独自去面对，诸如生老病死等的心灵体验，没有人能够真正地帮助分担任何的一丝一毫，而这些都是人类生存所必须面对的最基本课题。在卢梭生活的时代，社会正处于变革之中，原来社会各个阶层的固化模式被打破了，阶层间出现明显的流动态势，有的人也许今天还是贵族，明天就会沦为平民；有的人也许今天拥有上万资产，明天就会一贫如洗。在这种动荡的时代大背景下，卢梭原本就强于别人的忧患意识得到更进一步的加强。也就是在这种强烈的忧患意识驱使下，卢梭指出人并非生来就一定做帝王、显宦、贵族或富翁的，所有的人生来都是赤条条一无所有的，任何人都要遭遇人生的忧患、疾病、苦难、匮乏以及各种各样的痛苦，而且最后，任何人都是注定要死亡的。他还更进一步地指出，做人的真正意义正是在这里，没有哪一个人能够幸运到免掉这些遭遇：

我们之所以爱我们的同类，与其说是由于我们感到了他们的快乐，不如说是由于我们感到了他们的痛苦；因为在痛苦中，我们才能更好地看出我们天性的一致，看出他们对我们的爱的保证。如果我们共通的需要能通过利益把我们联系在一起，则我们的共通的苦难可通过感情把我们联系在一起。①

因为人人都会经受人生的苦难，并且独自去面对和体验人生中遇到的心灵困境，谁都无法幸免，这是所有人类经历中共通的东西，正是这种共通性使人类能够互相体谅，在别人经受苦难时，能够伸出援助之手。因此卢梭认为，苦难的情感是将人类联系在一起的情感，也只有在苦难之时，人们才能够发现彼此相互的关爱和共通的命运。但是，卢梭并不认为人类的道德是基于同情的，因为他的道德伦理不是建立在情感之上而是以提升人的理智为基础的。因此对于卢梭来说，即便是自然人也具有同情的能力；但这时的同情并非源于人类意志某些所谓原本就有的“伦理”之类特性，而应该是源于人类最初的想象天赋。虽然人类天生就能进入他人的存在与情绪之中，去体会别人的情感，甚至在一定程度上，这种同情能力能使人感受到他人的痛苦，就好像自己正在经历同样的情感一般。但是这种同情只是基于感官印象的能力，距离人类知道主动地关心他人还有很远。

三、“爱”是一种社会情感

卢梭认为，每个人都诞生过两次，而青春期正是人类的第二次诞生，到了这个阶段人才是真正地开始生活。在卢梭看来，人类的第一次诞生是为了存在，第二次诞生才是为了生活，例如对一个男性而言，第一次诞生是为了做人，第二次诞生才是为了做一个男子。青春期在卢梭的眼里是人生的一个转折点，他认为只有人觉得自己需要一个伴侣的时候，他才不再是一个孤独的人，他的心也就不再是一颗孤独的心了。随着他想要伴侣、

① 卢梭．爱弥儿（上）［M］．李平沤，译．北京：商务印书馆，2007：306.

拥有伴侣，他在同这个伴侣发生关联的同时，也发生着同其他别人的种种关联，由此他心中的一切爱都将爆发。卢梭还形象地描述了处于青春初期的人类特点：“血液激烈地沸腾起来，过剩的生命力要向外奔放。眼睛灼灼有光，频频地观看别人，他开始对我们周围的人发生兴趣，他开始觉得他生来不是要单独一个人生活的，这时候，他的心对人类的爱打开了大门，懂得什么叫爱了。”① 但是即便如此，卢梭仍然认为青年人易于感受的第一个情感是友谊而不是爱情，哪怕是经过细心培养。因为在他成长的过程中，在他日益丰富的想象力中，给予他最早影响的依旧是人类的共同影响，而不是性的影响。

在具体的教育过程中，卢梭强调教育应该尽量延长孩子对于性的无知状态，并且尽量利用日益成长的感性在学生心中播下博爱的种子。自爱到了一定的阶段会自然而然地成长为对家人的依恋和对友谊的忠诚，这种对于同伴的爱会使他变得越来越重情、敦厚、慷慨和善良。这种情感也同样使他对于别人的痛苦逐渐敏感，并能够从帮助弱者的过程中体验到幸福。这个时期的教育就要把这股日益增长的情感用之于扩大学生的胸襟，使他多多地关心别人，在关心别人之时一心一意，忘掉一己之私。这样做就能够使他的心中产生善良、怜悯、博爱、仁慈以及所有一切使人感到喜悦和温柔动人的情感，从而能够有效地防止他产生贪婪、妒忌、仇恨以及所有一切有毒害的欲念。

卢梭考察人的社会情感的基点是两性之间的情感。在两性情感的基础上，他推演出对社会情感的思考。在他看来，本能的性吸引和真正的爱是截然不同的。性别之间的吸引完全是一种天性的冲动，这种冲动在动物界也普遍存在，所以在没有任何审美观和道德观的男人看来，所有的女性都同样美好，而他所遇到的第一个女人在他看来就是最可爱的。但是卢梭认

① 卢梭．爱弥儿（上）［M］．李平沤，译．北京：商务印书馆，2007：301.

为爱是一种社会的情感，因为爱不仅不是自然产生的一种情感，它还在一定程度上限制着自然欲念的发展。在他看来，个人的偏好、选择和爱，完全是由个体的知识、习惯和偏见产生的，如果要使人类懂得爱，那就需要经过很长时间的学习，以具备更多的知识。只有在拥有足够的知识之后，人们才能学会判断，也只有在判断之后，人们才能够有所爱，并且只有在经过严格的比较之后，人们才能够有所选择。也就是在此基础上，所有的社会情感才逐渐展现，之后伴随着友谊和爱情的来临，嫉妒、虚荣、骄傲、敌意、自尊、仇恨等情感也才会不断滋生和蔓延。

卢梭在教育上主张亲力亲为，这一点植根于他对感觉的认知。在感觉的教育培养中，卢梭都是让学生通过自己的体验和经验来获得对于事物的认知。在其著作《爱弥儿》的第一部分，卢梭就想要灌输一个原理，即所有的外在经验，虽然看似“从外部”到达人类，但是如果他想要真正地感知周边的世界，必须亲自去体验和感受，教育的艺术不是要省去学生这种亲身体验的麻烦，不是预先就要把一些确凿无疑的以“科学”为形式的关于物质世界的知识传递给他，这不是教育的真谛。同样，在情感的教育中，卢梭也贯彻亲力亲为的主张。正因为这样的主张，在儿童时期，人类的感情经历还比较简单，还不具备感受复杂情感的能力，所以卢梭主张等到青少年时期，16 岁之后，即身心的发展具备感受和体验情感的基础之后，再对其进行感情方面的教育。

卢梭认为在自然状态下，怜悯心的存在是一种必然，作为一种自然的感情，它能够缓和每一个人只知道关心自己的自爱心，使我们在看见别人受难时毫不犹豫地去帮助他，从而有助于整个人类的互相保存。所以，怜悯心在人类的自然状态下，不仅可以代替法律、习俗和道德，它还能使每一个身强力壮的自然人意识到和别人共存的重要性，在饥饿时宁可到遥远的别处去寻找食物，也不会去抢夺身边那些身体柔弱的老人或孩子的东西。所以那个时候，在没有经受过任何教育的自然人中间，衍生着一句出自善良天性的格言："在谋求你的利益时，要尽可能不损害他人。"① 这句格言和行事原则使自然人在没有受过教育熏陶的情况下也不愿意做恶事。这样的格言是建立在自爱这一情感基础上的，教人分辨和拒斥那些为了一己或一个集团的私利而愚弄百姓的豪言壮语，它既是自爱情感的发展和延伸，也是自然人摆脱原始状态，开始步入真正的社会的起点和开端。从这种意义上讲，"爱"具有更多的社会属性，而不单纯是一种自然情感。

第三节　意志力的锻炼

本节对卢梭作品中两个重要的意象——"冥河"和"荒岛"进行了阐释，揭示出其中所包含的意蕴。"冥河"指大自然为婴幼儿的生命成长设置的考验；"荒岛"指大自然为青少年的心智成长设置的演练场。卢梭认为，任何人意志的培养都应该有"冥河"和"荒岛"的锤炼，这是生命走向成熟必经的一环。卢梭指出，大自然为锻炼人的意志设置了种种的关卡，只有配合自然，才能培养出优秀的意志品质。

一、"冥河"中磨砺

"冥河"作为人类成长过程所经受的自然考验的象征，出自荷马史诗《伊里亚特》，诗中的主角阿喀琉斯是女神泰提斯和一个部落酋长所生的儿子，是传说中一个刀枪不入的勇士。阿喀琉斯刀枪不入的原因是他的母亲在他出生之后曾经把他全身浸入冥河的水里，经过冥河的浸润，他的肉体具有了常人不曾具备的坚韧和顽强。在卢梭的解读中，"冥河"成为一个富有寓意的象征，它象征着人类成长过程中必经的、不可逾越的一个阶段。在这一阶段中，大自然为生命的成长设置了一道道的关卡和考验，只

① 卢梭．论人与人之间不平等的起因和基础［M］．李平沤，译．北京：商务印书馆，2007：75.

有经历并迈过这些坎儿，生命才能变得茁壮顽强。因此卢梭指出，要锻炼孩子们的体格，就要让他们在酷烈的季节、严酷的环境中能够忍受饥渴和疲乏等考验，让孩子经受大自然的磨砺。这种磨砺就如同让孩子在冥河中浸泡一样，虽不期望他能练就阿喀琉斯那样刀枪不入、金刚铁打的身板儿，但是希望孩子经此磨砺能有一个强健的体格。在卢梭那里，“冥河”意象中既包含了生命中所遭遇的自然界的各种严寒酷暑，也包含了与生命成长相伴的各种痛楚磨难，是生命成长过程中对身心各种考验的缩影。

卢梭认为，生命的成长必然要接受自然设置的种种考验，这是大自然内置在人类生命成长的过程之中锻炼人的意志力的一种内在法则。人类身体成长的过程，就是磨炼意志、锻炼意志力的过程，也是为以后的生活积蓄力量的过程。逃避这些自然的考验，就不能够培养出体格健壮、意志坚强的人。意志的磨砺几乎从生命的开端就开始了。卢梭指出，在婴儿出牙的时候，会伴随着发烧现象的出现；在婴儿肠腹疼痛的时候，会有痉挛现象产生；在婴儿咳嗽得厉害的时候，他们往往会喘不过气来。“肠虫折磨他们；多血症败坏他们的血液；各种各样的酵素在他们的血中发酵，引起危险的斑疹。在婴儿时期，他们差不多都是在疾病和危险中度过的；出生的孩子有一半不到八岁就死了。通过了这些考验，孩子便获得了力量；一到他们能运用自己的生命时，生命中的本原就更为坚实了。”① 因此，接受自然的各种考验，是身体成长对生命内在规律的遵循，也是意志力成长对生命法则的遵循。这是人类成长过程中必须要蹚过的一条“冥河”，卢梭发现了意志力的发展和自然法则之间的关系，从而为意志力的锻炼找到了内在的根据和遵循的规律。也因此，“冥河”意象就是卢梭对生命要遵循的自然法则的概括。

---

① 卢梭．爱弥儿（上）[M]．李平沤，译．北京：商务印书馆，2007：23.

卢梭认为人类注定时时刻刻都要遭到痛苦，这也是他自己对生命深刻体验的总结。为了能够经受住痛苦的打击，人类必须要具备坚强的意志。大自然已经为人类安排好了一切，为人类生命的成长设置了一些相应的关卡，意志的培养可以伴随和渗透在生命成长的过程中。可是在现实生活中，尤其是随着社会的日益前进和进步，人类在教育孩子的过程中往往会做出一些违反自然法则的事情。例如，有的母亲过分溺爱孩子，自认为让孩子越舒适越好，把帮助孩子避免自然的磨炼当作是在保护孩子。这样做违反了自然的成长规律，也使孩子失去了磨炼意志的机会，当孩子在母亲统辖之内时，孩子可以舒舒服服，不受任何可能的困扰，但是孩子必定是要长大成人的，当他长大，不得不独自承受自己的世界时，因为没有意志磨炼的准备，遇到一点痛苦，就觉得是遇到了灭顶的灾难，就会受不了，会做出一些出乎意料的举动，甚至会在小小的挫折面前就气馁到要结束自己的生命。因此，卢梭指出，当一个妈妈给孩子过多溺爱的时候，其实是在害孩子：

> 她为了防止孩子感觉到自己的娇弱，却把她的孩子养得愈来愈娇弱，她希望他不遭受自然法则的危害，于是使他远离种种痛苦，可是没有想到，由于她一时使他少受一些折磨，却在遥远的将来把多么多的灾难和危险积累在他身上，没有想到这种谨小慎微的做法是多么残酷，它使幼小时期的娇弱继续延长，到成人时受不住种种劳苦。①

这种不懂得用自然的方式磨砺孩子意志的做法，不能够适时地磨炼孩子的意志，增强他们抵抗命运的本领，最后将教育出来一群任凭命运和苦难宰割的羔羊。卢梭对于大自然考验的理解，与他对社会的强烈批判完全

① 卢梭．爱弥儿（上）［M］．李平沤，译．北京：商务印书馆，2007：22.

不同。在面对大自然的种种磨炼时，卢梭强调人类的适应能力，在适应的过程中逐渐完成意志力的培养。但是对于社会，卢梭认为这种适应的办法完全无效。社会的邪恶让人无法容忍，而且根本就不应该容忍，在卢梭眼里，社会的邪恶不但剥夺了人类的幸福，而且威胁着人类的本质与命运。[①]在这种对比中，体现出了卢梭对待两种不同类型的磨炼时所持有的态度：人类从属于自然是合理的，大自然很严峻残酷的一面是可以忍受的，即使是自然的邪恶，人也应该适应它，经受住大自然的各种考验，从而磨炼出日后生存所需的意志力。但是人类从属于其他人类，是不合理的，是社会罪恶的起点，是社会不平等、人奴役人等社会丑恶现象的来源，对于社会的邪恶，人是不应该忍受、适应的，因为这样的丑恶剥夺了人与生俱来的自由和幸福。

二、"荒岛"上锻造

"荒岛"意象源于英国小说家丹尼尔·笛福（Daniel Defoe，1660—1731）的小说《鲁滨孙漂流记》。书中主要讲述了水手鲁滨孙在航海途中，罹难不死，独自漂流到一个荒无人烟的小岛上生活了 28 年的故事。在荒岛 28 年的生活中，鲁滨孙经历了自然的各种磨难，也经历了野人的社会磨炼。在卢梭的独特解读中，小说中的"荒岛"成为一个具有深刻寓意的意象，是人类生来要面对的一个陌生世界的象征，也是人类意志的演练场。

卢梭把《鲁滨孙漂流记》这本书当作教授自然科学的课本，当作检验学生判断能力是否发展的一种标准。这本书是他为生命中最珍贵的少年爱弥儿开列的唯一一本书，也是爱弥儿最早读到的一本书，并且在卢梭的要求下，爱弥儿在他的成长过程中反复地读这本书。在卢梭看来，《鲁滨孙

① 恩斯特·卡西勒，彼得·盖伊．卢梭问题［M］．王春华，译．南京：译林出版社，2009：62.

漂流记》可以和亚里士多德、普林尼的名著相媲美，它精彩地论述了自然教育。这本书给学生的启示是多方面的，尤其是对意志力的培养具有重要作用。

首先，意志力的培养与正确的观念密切相关。正确的观念是建立在正确的判断基础上的，而正确的判断要有科学的知识作基础。鲁滨孙的“荒岛”就是一个学习科学知识，建立科学的判断，从而树立正确的理想，培养良好意志的场所。这样的场所能够使学生学到真正的知识，唤醒学生的自主意识，同时培养学生独立自主的判断能力，最重要的是类似“荒岛”的学习使少年的爱弥儿从中得到一种自由快乐，这是合规律性与合目的性美育思想在具体的教学活动中的具体体现。在“荒岛”之类的环境中，学生容易进入学习，也有兴趣学习，因为在这里人类的一切自然需要都明显地展示给孩子了，一起被展示的还有满足这种需要的各种具体可行的办法，既容易学习也容易操作，激发学生想象力的同时，也促使他们积极地动手操作，从而实现自己的目的，满足实际需要。

其次，意志的锻炼往往同克服各种困难联系在一起。人生在很大程度上是一个独自探索的过程，会遇到各种各样的困难，需要有坚强的意志力来支撑，才能够走出各种困境。卢梭认为，人一无所有地来到这个世界上，在人生的旅程中注定要经历各种各样的痛苦和苦难，还要接受各种忧患和疾病的考验，这就需要有坚强的意志。而荒岛这样的自然环境正是培养孩子意志的最佳场所。在这里他会遇到与以后人生中的各种匮乏、困境极其相似的问题，在解决这些问题的时候，不知不觉间就培养了孩子克服困难的能力。孩子们会在困境中学会主动地选择、放弃、坚持等优秀品质，最重要的是这样的历练是在学生主动探索过程中，充满自由和快乐地进行的，这一点非常符合孩子的天性。从大的范围来看，我们每个生命个体都会面对地球这样一个实实在在的“荒岛”，人生是在时间的隧道里自主地体验生活、探索生活的过程，没有回程和逆转的机会，我们必须拥有顽强的意志力才能实现人应有的尊严、自由和幸福。

最后，由易入难，循序渐进，逐渐培养学生持久的恒心和顽强的毅力。爱弥儿在“荒岛”上的各种学习和演练，是在老师的陪伴和指导下进行的，这样的训练使学生的意志力的发展始终处在科学的、有序的计划中。卢梭之所以注重培养爱弥儿的意志力，与他所处的时代环境有关。卢梭生活的18世纪，是由封建社会向资本主义社会过渡的时代，新兴的阶级在不断成长壮大，阶层之间不再稳固不变，而是交替更迭，也许昨天还是贵族，明天就会沦落为一文不名的流浪汉。社会的潮流势不可当，只能顺应这样的时代趋势，教育孩子学会生活，教给他能够谋生的本领，当他一无所有时，也能靠自身的技能生存。锻炼好孩子的意志力，使其能够容忍社会的各种苦难、匮乏以及各种意想不到的打击。当遇到人生的痛苦时，能够经受住各种考验。在剧烈变革的时代，一切都会瞬息万变，人的命运更是极为不确定的。面对社会的各种冲击和人生的各种困境，没有顽强的意志力，就会被打倒甚至毁灭。

在卢梭的意象中，“荒岛”就是人类之初的蛮荒之地，人类的生存必须要靠自己的一双手，建造房屋，种植庄稼，驯养牲畜，靠着一己之力，开天辟地，使生活之需从无到有。在这个过程中需要经历千辛万苦，需要迎接无数挑战，需要人类具备相当的勇气，需要克服数不清的困难，在“荒岛”的生存需要非常的智慧和非常顽强的意志力。因此，“荒岛”是锻炼人类的自觉性、果断性、自制性和坚韧性等意志品质的理想场所。卢梭把“荒岛”确定为锻炼人类尤其是青少年意志力的最佳地方，并让他的爱弥儿在这样的场所中受到了理想的训练，从而成长为一位具有坚韧意志的青年，实现了卢梭的美育目标。

第五章　反思与借鉴

本章从现实的教育实践的角度，对卢梭所追求的美育目标和他设计的理想的美育环境进行了简单考察，重点对其以审美感受、审美兴趣和审美情境为核心的美育思想进行总结，为中国教育特别是基础教育提供有针对性的启示。本章还对中国基础教育目前存在的一些问题进行了具体分析，指出只有在感性与理性、“真”与“善”相统一的美育原则指导下，回归教育的自然，才是中国教育未来发展的正确方向。

第一节　卢梭美育思想的再认识

本节从实践的角度重点论述了卢梭的育人目标及其对环境的选择，从实践角度重新认识卢梭美育思想。

一、卢梭的育人目标和环境选择

卢梭是“性善论”者。他认为“出自造物主之手的东西，都是好的”。[①] 卢梭坚信冥冥之中有位造物主——上帝，自然界的任何东西，包括人的自然天性都源自上帝之手，他信仰自然神。上帝不仅给每个人种下了善根，而且为每个人打造的模子都是独一无二的。他在自己的传记中说：

① 卢梭．爱弥儿（上）［M］．李平沤，译．北京：商务印书馆，2007：5.

“虽然我不比别人好，至少和他们不一样。大自然塑造了我，然后把模子打碎了。”① 卢梭以自己为例，证明大自然在塑造每个人的时候所用的模具是不同的，每个人的出生都带有自己的原型，每个人都是独特的。卢梭的美育目标就是在人性本善、个性多元化的前提下展开的，他的美育思想在其教育小说《爱弥儿》中得到很好的体现。卢梭以爱弥儿为例，诠释他的美育思想。主人公培养爱弥儿，首先要确定把他培养成什么人，也就是他的美育目标。

卢梭培养人的目标就是把每个人培养成“应是”他自己的个体。卢梭在《爱弥儿》中曾谈到过他培养人的目标：“是什么目标呢？它不是别的，它就是自然的目标。”② “自然的目标”是依照人的自然天性，把人培养成为他本来应该成为的样子，而不是把他培养成自然人。也就是顺应人的内在成长规律，与其天性合作，帮助每个人把自身所携带的原型慢慢地展开。卢梭说：“从我的门下出去，我承认，他既不是文官，也不是武人，也不是僧侣；他首先是人。”③ 卢梭的育人目标首先把人培养成人，而不是某方面的人才或专家，而且他所说的人是出自上帝之手，携带了上帝密码的人。老师要学会解读这些密码，按照这些密码的指引帮助学生成为其所是。在这一点上，卢梭与孔子类似，孔子说，“君子不器”，即君子首先是具有理想人格的通才，而非仅是某方面人才。卢梭的育人思想与孔子的不谋而合。

为此，卢梭提出了培养“人”的教育方针。卢梭认为人应该接受三方面的教育，即“自然的教育”、“事物的教育”和“人的教育”，而且只有这三方面的教育得到很好的配合，人才算是接受了良好的教育。“我们或是受之于自然，或是受之于人，或是受之于事物。我们才能和器官的内在

① 卢梭．忏悔录（第一部）［M］．黎星，译．北京：人民文学出版社，1980：1.
② 卢梭．忏悔录（第一部）［M］．黎星，译．北京：人民文学出版社，1980：8.
③ 卢梭．爱弥儿（上）［M］．李平沤，译．北京：商务印书馆，2007：13.

发展，是自然的教育；别人教我们如何利用这种发展，是人的教育；我们从影响我们的事物获得良好的经验，是事物的教育。”① 在这三项教育中，“自然的教育”源于大自然，不受人的控制；人不能改变天性，也不能改变天性发展的方向、节奏等规律。“事物的教育”包括社会环境中的各种因素对人的良好影响，这种影响是不可预期和调控的。只有人的教育才是可以掌控的，就是说，人可以决定以什么样的方式和内容来配合“自然的教育”。“人的教育”中的“人”泛指与教育有关的人，例如，教师、教育管理者、教育政策制定者等。

卢梭提出了指导方针之后，紧接着就对爱弥儿的培养环境做出了选择。他有意避开繁华的巴黎，选择比较偏远的乡村。卢梭的这种选择源自他对教育的理解，这在前面已经述及。卢梭认为人应该接受三方面教育，即“自然的教育”、“事物的教育”和“人的教育”，而且这三方面的教育应该配合好。其中“事物的教育”来自人的外部经验，而人的外部经验主要来自人生活于其中的社会环境。卢梭认为当时的社会环境是引领人误入歧路的污浊环境：“使得当时的社会聚合在一起的，无非是习俗、习惯和自然惰性的力量。”② 他以巴黎为例，指出当时的巴黎充斥着文明带来的弊端：专制压迫制造着人间悲剧，贫富悬殊扭曲着社会风尚；各种偏见习俗已在这里生根、蔓延，人们身陷其中，浑然不觉，就像久在鲍鱼之肆已不觉其臭了，巴黎这座城市早已变成腐蚀人的大染缸。卢梭深知环境的力量对人的改变，为了使爱弥儿免受污染，他选择了纯净的乡村作为培养爱弥儿的外部环境。这样做也是为了确保爱弥儿能够找到自己的道路，成为他自己。卡西勒对此曾有精辟的见解：

① 卢梭．爱弥儿（上）[M]．李平沤，译．北京：商务印书馆，2007：7.

② 恩斯特·卡西勒，彼得·盖伊．卢梭问题 [M]．王春华，译．南京：译林出版社，2009：108-109.

> 《爱弥儿》的教育计划正是想要防止这种精神与伦理的堕落。让那名学生置身于社会之外，是为了防止他受到习染，为了让他找到并走他自己的道路。但这种个人主义，这种对于判断力与意志独立性的唤醒，绝对没有包含将离群索居的意愿作为一项明确要求的意思。正像莱辛笔下的纳坦为阿-哈菲担忧一样，卢梭也担心他的学生会“只因身处众人之中而忘记如何做人”。所以他正是为了人（huamanitas）的缘故而除去了社会（soietias）的合作，他把人性（humanity）的普遍意义与其集体意义再清楚不过地区分开来。这项任务无须众人合作——因为所有个体都能够依靠自己的力量在自身之中发现人性的原型并在自我中将它塑造出来。①

卢梭把培养爱弥儿的环境放置到接近自然的乡村，并不是想把爱弥儿培养成离群索居的自然人——人类之初，孤独游荡在原始森林之中的野蛮人；而是为了使他自身所携带的原型慢慢展开，使其自身的人性被塑造出来，使其成为其“应是”。卢梭深刻地洞察到人性与人的集体性的截然不同，他担心把爱弥儿放置在巴黎这样的繁华都市，一旦爱弥儿融入其中，就会失掉了自己，“忘记如何做人”。而且卢梭认为在“成人”的路上，需要自己亲力亲为，依靠自己的力量在自身中找到自己的原型并把它塑造出来，这也就意味着越少的外部干预越好，淳朴的乡村就成了最佳的选择。

这样的选择表现出卢梭对当时社会的强烈不满，中国古代的庄子曾主张退回到小国寡民状态，同样也体现出对当时社会不满的愤激之情。当无力改变现实，一时看不清前行的路径时，暂时的逃避也是一种迂回的策

---

① 恩斯特·卡西勒，彼得·盖伊．卢梭问题［M］．王春华，译．南京：译林出版社，2009：108-109.

略。卢梭所希望的环境在后来者杜威那里变得清晰而明朗。

正因为出自造物主之手的东西是好的，所以我们要尊重人的天性，与人的天性进行合作，不能违拗人的天性。正因为生命的本质是自由的，所以我们时时要保证他的自由自主。当然，自由的含义有两重，一个是政治学上的，另一个是美学上的。前者的自由是尽量尊重学生合理的意志，在童年阶段，他的意志不合理就让他受到大自然的惩罚，而不要使他受到人为的训诫和惩处。后者的自由是指教育要达到一种审美的境界，让学生的精神在自由中徜徉，这就要求教育教学活动要实现合目的性与合规律性的统一。

二、从实践角度反思卢梭的美育思想

如前所述，卢梭美育思想包含着极为丰富的内容，在此我们不再进行全面的论述，而是着眼于中国当前的教育实践，来探索卢梭美育思想的现实意义。对此，近年来学术界已经有了一些开创性的研究成果，其中，邹华对于卢梭美育思想要点的归纳，以及现实意义的揭示特别精当，值得重视。邹华认为，卢梭虽然没有明确提出美育的概念，但他将儿童游戏与学习结合起来的思想，在教育过程中将形象和事物放在首位的思想，都属于美育的范畴，只不过这不是那种与智育、体育、德育所并列的被狭隘理解的美育，而是一种培养全面人性的大美育。这种大美育包含着三个基本要点：审美感受、审美兴趣和审美情境①。

（一）审美感受

审美感受涉及对感性的理解。我们知道，美的生成有赖于感性与理性的有机融合，感性更多地与个体有关，理性更多地与社会相关。古代个体地位低下，并消融于社会群体之中，决定了古代的感性必然受制于理性，

① 参见：邹华．卢梭美育思想的要点及现实意义［J］．中国教育学刊，2004（11）．

难以得到应有的尊重。在认识论上，作为感觉经验的感性一般被认为是遮蔽真理的幻象；在存在论上，作为情感体验的感性通常被看作是败坏道德的情欲。总之，感性还没有提升到应有的高度。只有到了近现代，在现代性的历史进程中，个体地位得到了极大的提高，感性才开始受到应有的重视，鲍姆嘉通在感性认识的基础上创立美学学科就反映了这一历史趋势。卢梭的美育思想中对感性问题的阐发也应该置于现代性的历史视野中，才能得到更好的理解。正如伊格尔顿在谈到卢梭对感性情感的重视和坚持时所指出的："作为一种新的政体的审美基础，'感性'无疑地属于进步的中产阶级。"① 这种感性实际上体现着新兴的现代性的内容，具有审美意识形态的意义。

就其美育思想本身而言，卢梭突出的贡献在于，以感性问题为中心，对儿童教育的美感特征进行了深入探索。卢梭将人的理解分为"感性的理解"和"理性的理解"，在他看来，前者是"孩子的理解"，后者是"成人的理解"。基于这样的看法，卢梭认为，对于孩子的教育不能采用对待成人的方式，而要根据孩子的特点来进行。因此，他反对单纯地对孩子进行理性教育，他直言不讳地说："用理性去教育孩子，是洛克的一个重要原理；这个原理在今天是最时髦不过了；然而在我看来，它虽然是那样时髦；但远远不能说明它是可靠的；就我来说，我发现，再没有谁比那些受过许多理性教育的孩子更傻的了。在人的一切官能中，理智这个官能可以说是由其他各种官能综合而成的，因此它最难于发展，而且也发展得最迟，但是有些人还偏偏要用它去发展其他官能哩！"② 对于卢梭来说，理性的理解首先必须建立在感性的理解之上，感觉经验是通往理性之路不可缺少的门户。感觉主要包括视觉、听觉、触觉、味觉和嗅觉，感性的理解就

① 特里·伊格尔顿．美学意识形态［M］．王杰，等译．桂林：广西师范大学出版社，1997：14.

② 卢梭．爱弥儿（上）［M］．李平沤，译．北京：商务印书馆，2007：89-90.

是将这五种感觉进行组合，形成“知觉”或简单的概念，卢梭将这种组合能力称为“第六感觉”。在卢梭这里，感性的理解并不单纯具有感性的内容，实际上在感觉中已经包含着判断。这种判断一方面与具体的事物的感受相联系，因而是被动的；另一方面又要对事物之间的抽象关系进行分析，因而具有主动性。这样，这种感性的理解就不脱离生动的感性而又内在地饱含着深刻的理性，它既是一种审美的理解，又是一种审美直觉，是感性与理性的有机融合。正如邹华所说：“孩子的理解虽然达不到直觉的高度，但它以感觉培育理性和容纳理性的方式确是审美的。”①

（二）审美兴趣

审美兴趣涉及功利性与超功利性的问题。在古代，美善不分、以善代美是较为普遍的情形，现实功利的需求总是压倒审美的独立，这是由古代客体性的人性结构所决定的。随着资本主义现代性的兴起，人的主体地位获得了历史性提升，审美特性问题开始提到议事日程上来。一方面，审美狭隘地超越现实功利，显示着人性的自由境界；另一方面，审美又扎根于现实的泥土之中，因而包含丰富的功利性内容。

卢梭的美育思想是教育上对狭隘的功利主义的超越。叶朗曾对庄子美学思想中的“技”和“道”有过精辟的分析：“‘技’，就是单纯的技术性活动，以实用为目的。‘道’，就是审美的境界，超越了实用目的。‘道’是对‘技’的超越，是‘技’的升华。‘道’并不外于‘技’，‘技’达到高度的自由，就超越实用功利的境界，进入审美的境界。”② 同是解牛，唯有庖丁解牛的“技”达到“道”的境界，实现了高度的自由，这同样是一种审美的境界，在这样的境界中，合目的性与合规律性达到了和谐统一，人体验到了精神的自由和愉悦。卢梭的美育思想同样是从教育“技”的层面上升到教育的“道”的境界，从功利使用目的层面达到了审美的境

---

① 邹华．卢梭美育思想的要点及现实意义［J］．中国教育学刊，2004（11）．

② 叶朗．中国美学史大纲［M］．上海：上海人民出版社，1985：121．

界，在灵魂的深处实现了教育和美的结合。卢梭发现每个人都是一个独特的存在，自身都携带一个自我的“原型”，所以教育首先是根据每个人自身天性进行的，把他培养成一个人，而不是某方面的专家、工具或者挣钱能手。卢梭培养爱弥儿，只是要把这个资质平常的孩子，按其天性培养成一个人，使他能尽到做人的天职。既不是为了他能出人头地，也不是为了把他培养成挣钱的能手。卢梭坚信每个孩子的天性都是好的，都有他自己的图纸，要对他进行个性化的培养。教育就是与生命的发展相和谐，就是把学生培养成一个人，这种教育是一种理想的境界，是美育。“美感离不开人类改造世界的有目的的实践活动。但是美感作为一种心理状态，却表现为对于个人利害关系的超越。因为美感在实质上是一种创造的喜悦，是由于人的自由得到显现，人的实践——创造力量得到肯定，而获得的一种精神上的满足和喜悦。”① 孩子可以成龙，也可以成凤，但最为重要的是要成为他自己，而不仅仅是成为家长和老师期望的样子，更不是心灵残缺的工具。而合目的性与合规律性相统一的教育培养出来的人格也应该是和谐统一的。

基于上述对功利性与超功利性的思考，卢梭在儿童的教育方面，特别注重游戏与学习的结合，这一美育思想实际上深刻触及了审美的功利性与超功利性的问题。孩子的兴趣首先来自现实功利的需求，因而具有功利性，而在实现这一功利目的过程中，孩子又会潜移默化地受到教育，这就超越了狭隘的功利。也就是说，在兴趣中，功利性与超功利性得到了统一，从而具有了审美的特征。由此，卢梭确立了儿童教育的基本原则，即培养他们的学习兴趣，并在此基础上教给他们学习的方法，而不是简单地给他们灌输知识和学问。他认为对于儿童来说，在游戏中学习至关重要，只有在游戏中，孩子才能持续地体验到快乐，长久地保持兴趣，从而轻松

① 叶朗．中国美学史大纲［M］．上海：上海人民出版社，1985：122.

愉悦地掌握知识。他说："要他工作或要他游戏，在他看来都是一样的；他的游戏就是他的工作，他觉得两者之间是没有差别的。他做一切事情都是兴趣盎然，令人欢笑，而且动作大方，令人一看就感到喜悦；从他所做的事情就可以同时看出他的心理的倾向和知识的范围。当你看着一个眼睛灵活、态度沉着、面貌开朗而带着笑容的漂亮孩子高高兴兴地做最重要的事情或专心专意地嬉乐游戏的时候，岂不感到高兴、心里乐洋洋吗？"① 在游戏中，孩子的天性得到了自由发展，学习的过程不再枯燥乏味，而是充满乐趣，孩子不再是被动地接受，而是会主动地探求。例如，卢梭笔下的爱弥儿在 15 岁之前并没有有意学习读书识字，但他实际上不到 10 岁就掌握了读书识字的技能，这是因为爱弥儿迫切地想了解请柬的内容，由此对文字产生了强烈的兴趣，进而轻而易举地学会了这一知识。卢梭的这一美育思想给我们的启示是，在教育的过程中，应该始终让学生自由自主，激发学生自主学习的兴趣，使学生在自由快乐的教学氛围中成长。

（三）审美情境

审美情境，主要体现为具体的事物和感性的形象。众所周知，通过生动可感的形象来表达思想与情感正是审美的重要特征。正是在此意义上，我们把卢梭所倡导的情境教育看作是典型的美育。对于卢梭来说，审美情境与孩子"感性的理解"有关，他认为，孩子可以通过感觉的训练，运用"第六感官"，形成"知觉"和简单的观念，在此基础上，可以对他们进行理智教育；但是，此时的理解仍然不能脱离感性，所以即使是理智教育，也不能只是教授抽象的观念，而应该诉诸感性的形象和具体的事物。在卢梭看来，孩子学习的动力来自所学知识实际的用处，这些知识总是和孩子当时所处的情境密切相关，只有身临其境，孩子才能真正开始学习的过程。因此，他一再强调要重视那些现实中实际存在的事物、那些有形的

① 卢梭．爱弥儿（上）[M]．李平沤，译．北京：商务印书馆，2007：208.

物质的东西，并且指出只有这些可以直接感觉到的东西才能激发孩子的兴趣，引起他们的好奇，使他们乐于去观察和发现。他说："在最初的思想活动中，完全是以感觉为指导的。以世界为唯一的书本，以事实为唯一的教训。"①

为了更好地说明情境教育的特点，卢梭对两种不同的认识真理的方法进行了区分："普遍的真理中有一条共同的锁链，通过这条锁链，所有一切的学科都跟共同的原理联系起来，一个接着一个的发展；这条锁链就是哲学家的方法。还有另外一种完全不同的方法，通过这种不同的方法，每一个特殊的事物将联系到另外一个特殊的事物，而且指出跟在它后面的事物是什么样子，这个次序可以不断地刺激人的好奇心，使人对每一个事物都加以注意。"② 显然，对卢梭而言，儿童的教育所采用的不是哲学家的抽象分析的方法，而是让孩子在真实的体验中，在对特殊事物好奇心的引领下，一步步踏入知识的殿堂。

情境教育在具体的教学活动中必然是学生本位的，老师只做幕后的导演，老师应该给孩子自己决定的权利，尽量让孩子亲力亲为，让孩子感到自由自主和快乐。卢梭反对向孩子灌输知识，在孩子 12 岁之前，卢梭不赞成孩子学习书本知识。卢梭认为孩子在 12 岁以前感性是醒着的，理性还处在睡眠状态。所以在 12 岁前要训练孩子的感觉器官，例如，教会孩子怎么观察、怎么聆听、怎么感觉等；而书本知识会包含抽象概念，是需要理性参与的，在孩子的理性还没有醒来的时候，最好别过早惊扰它，别学书本知识。我们今天的学校教育虽不能照搬卢梭的这一理论，但是这一理论提醒我们，我们应该重视 12 岁以前孩子的感性教育，注重孩子感觉器官的锻炼和培养。卢梭重视孩子在具体的活动中获得直观感性的判断，他在教学中注意设计一些看来巧合天成实则人为安排的

① 卢梭．爱弥儿（上）[M]．李平沤，译．北京：商务印书馆，2007：217.
② 卢梭．爱弥儿（上）[M]．李平沤，译．北京：商务印书馆，2007：224.

活动，让孩子在“真实的游戏”活动中自主探索。例如：如果学生打破窗玻璃，无须批评他，只需让他忍受灌进来的冷风、体验到自己做事的后果；学习地理不是从地球仪开始的，而是老师亲自带领他到户外，用自己的脚、手和眼睛去测量；让学生与在《鲁滨孙漂流记》中类似的荒岛上亲自去探寻知识等。

第二节 回归教育的本原

本节重点分析我国目前基础教育中存在的一些问题，并结合卢梭美育思想中的相关论点，对我国的基础教育做出自己的思考，提出自己的建议。

一、基础教育中存在的问题

当前我国的基础教育中存在较明显的功利主义因素。这种功利性的表现之一就是智力竞争，现实中的表现就是愈演愈烈的应试教育。高考成了最终的指挥棒，左右着全国中小学的教学，基础教育似乎只是为高校人才的选拔奠基而存在的。现行的以考试为代表的应试制度，因其相对客观公平、相对透明、易于操作，自然有其合理性。但是考试制度的弊端也是显而易见的，考试用分数说话，“分数”变成了衡量一切的标准。考高分就能进入好大学、好专业，好的大学和好专业也就意味着未来有更大的可能占据社会中更好的资源；分数低就进不了好大学或被挡在大学门外，未来将在社会竞争中处于不利地位。由此，分数成为评判学生、老师、学校的重要指标。评判一个学校教育质量好不好，升学率，特别是升入重点大学、一流大学的人数成为重要指标；评价老师水平的高低，他教授科目的排名是重要指标；评价班主任工作，他所教授班级的升学率是重要指标；评价一个学生，他的考试成绩高低是最重要的指标。这样的评价体系不仅在高中、初中和小学中流行，甚至波及幼儿园，众多家长为“不让孩子输在起跑线上”而焦虑不已。一切围绕着分数、围绕着高考转的评价体系，必然使得基础教育背离了它的基本培养目标，难以发挥学习知识之外的全人教育的功能。

这种以分数高低为评价标准的智力的竞争是否真正促进了学生创造力的培养，是值得思考和讨论的。我国杰出的科学家钱学森晚年曾提出一个引人深思的问题：“为什么我们的学校总是培养不出杰出人才？”面对这个著名的“钱学森之问”，我们不能不对应试教育的作用和效果加以反思。过分重视考试成绩的高低，使得不少学校和学生陷入题海战术中，忽略了汲取生命成长、智力发展所需要的其他养料。这样的评价体系，一定程度上助长了教学的功利性，老师倾向于考什么就教什么，而学生则是考什么就学什么，大量刷题、背诵答案要点、训练答题技巧成为提高成绩的“捷径”，学生缺少了独立思考和批判质疑的勇气和精神。这样的教育背离了成人、成才的目标，无法培养和发扬人天性中所包含的丰富性。

过分的应试竞争导致学生身心发展的不协调，将教育中丰富多样的因素缩减为简化的智力上的竞争，而智力考察的手段又简化为考试，考试的目标定位为取得高分。这样的教育背离了学生的天性成长的规律，给学生的身心带来诸多负面影响。一些有识之士已经看到，“由于升学的巨大压力以及头脑中除考试外没有任何其他空间，学生失去了作为人的丰富性，很多人出现了抑郁、自私、脆弱、狭隘等心理问题”①。过分专注于学生智力竞争，忽略学生情感等非智力因素成长的需要，导致学生身心发展的不平衡，现实中某些学生突破底线，走向极端的例子不能不让我们惊醒和反思，也反映出较长时期以来基础教育中存在的迷误：基础教育的目标发生了错位。

① 张旺．影响素质教育推进的五个问题［J］．中国教育学刊，2011（1）：14.

教育的对象是人，人应该是教育的出发点和归宿。而我国普通基础教育中存在的突出问题是，基础教育的存在意义变成了为高校输送人才，学生、老师和家长都在为共同的目标——“高分”而努力。基础教育被功利的目的所驱使，为升学打基础，忽略了自身内在的规律和要求。“基础教育的‘基础性’性质决定了基础教育的培养目标应着眼于培养有素质的合格公民，但在基础教育实践中我们发现，社会公众、学校及教师将基础教育的培养目标着眼于如何让学生获取具体的知识和在学科考试中获得高分，偏离了基础教育谋求学生德智体美综合素质全面发展的基础性要求。”①

现实中，考试分数往往又是与经济效益联系在一起的，分数的高低不仅关系到老师和学生的切身利益，还决定着学校的招生和发展。这是一种急功近利的表现，在具体的教学中表现为考什么教什么，高考考什么就教什么学什么，不考的科目经常被忽略掉。“有一位初中语文教育专家做过统计，从初一到初三，语文知识点有 160 多个，而当学生就这些知识点来学语文的时候，真正的语文也就消失了。”② 学生变成了知识的容器和仓库，他们把知识吸收进来，分门别类地保管在大脑的仓库里，到考试的时候及时拿出来用，而教育中的人性关怀、人文精神和教育精神消失了。

我们需要知道，分数仅是检测学生掌握知识的一项指标，并不能代表学生的全部，考试只是一种督促的手段。“教育把工具价值、手段价值放在了最为重要的位置，而把人性、灵魂优秀、人格的健全放在了末位，它希望实现的是人外在的经济发展，而不是人的发展本身。这样，精神、灵魂、理性、意志和情感等涉及人的精神完整性的内容就被遗忘，造成了精

① 魏善春，崔新伟．从“知识人”到“素质人”：论基础教育培养目标的价值定位［J］．当代教育，2011：3.

② 张旺．影响素质教育推进的五个问题［J］．中国教育学刊，2011（1）：12.

神的放逐”① 教育的过程应该是生命节律的和谐振动，应该是学生自身的生命成长、智慧和创造力的发展。

近年来，应试教育的弊端已经引起全社会的关注，大力发展素质教育的呼声越来越高。中国教育需要追求一种体现着真与善相统一的自由、和谐的教育境界，也就是一种美的境界。因此，中国教育目前存在的种种问题实际上是与美育的缺失息息相关的，中国教育未来的发展将有赖于超功利性、非抽象化的美育的实施。我们应该清醒认识到，美育的缺失就意味着教育失去了自己的灵魂。

对卢梭美育思想的审视和解读中我们发现，卢梭所想要实现的那种顺其自然，发展孩子天性的教育目的，他所设计的那种与急功近利的成人世界相区隔的理想的教育环境，他的以审美感受、审美兴趣和审美情境为核心的美育思想精华，对于我们今天的教育实践和教育改革仍然具有重要的启发借鉴意义。

卢梭的教育思想之所以是美育，是因为它遵循了审美的规律，即重视人的感性的基础地位，使理性的东西化合在感性的东西之中。卢梭在儿童教育方面注重孩子在游戏中的兴趣和具体情境中的事物和形象，实际上都体现了这种在感性层面上感性与理性的统一，同时，也就实现了内容与形式、合目的性的善与合规律性的真的统一。可以说，他是在儿童教育中采用了审美的方式。

审美的教育方式决定了卢梭必然反对在儿童教育中采用成人式的理性教育，因为这种理性教育既违背了教育规律，也违背了审美规律，它颠倒了感性与理性的审美关系，使理性凌驾于感性之上，结果在这种教育中充斥着理性知识的灌输和理性观念的说教，应该说是完全走入了歧途。卢梭一再指出这种理性教育的谬误，他说，人们迷信理性教育，以为“一种良

① 金生鈜．以教育为志业：教育家的精神实质［J］．中国教育学刊，2011（7）：2.

好教育的优异成绩就是造就一个有理性的人，正因为这个缘故，人们就企图用理性去教育孩子！这简直是本末倒置，把目的当做了手段”①。

二、美育的缺失

20世纪初，蔡元培从国外带回了“美育”这个词，把“美育”与德育、智育、体育和劳动教育并列在一起，从而使美育在中国的教育理论中有了一席之地，提高了美育的地位。但是这种框架之下的美育，被人解读为“艺术教育”，即美学和教育学的一种外部的交叉，即利用艺术的美来陶冶学生。很多学校的美育“就是把音乐、绘画、舞蹈、书法、文学等的艺术形式当作教育的内容，给学生传授一些艺术知识和技能，使他们从中受到情感的熏陶和智慧的启迪”②。暂且不论这样的课程是否真能够实现教育者们陶冶学生情感、启迪学生智慧的初衷，在现有的高考体制框架下，这样的美育课程也往往成为教育中的“奢侈品”。在充满激烈竞争的普通高考体制下，音乐、美术、舞蹈、书法等没有被列入高考统考科目的艺术课程，在不少地方都被高考的科目挤掉了。

20世纪末，国家提出将美育融入学校教育的全过程，扩展了美育的内容，拓宽了美育实施的范围。“1999年6月13日，中共中央、国务院召开的全国第三次教育工作会议，颁布了《关于深化教育改革全面推进素质教育的决定》，将美育正式列入国家教育方针，并将素质教育明确界定为‘德智体美等全面发展’，还提出了将‘美育融入学校教育的全过程’。”③应该说，这种认识从内容上打破了美育与德、智、体、美、劳各育人为隔离的状态，扩展了美育实施的范围，是对原有的美育观念的发展和超越。

---

① 卢梭．爱弥儿（上）［M］．李平沤，译，北京，商务印书馆，2007：90.

② 陈建翔．美育是教育的一种境界：若干历史人物美育思想评述及美育观的新探索［D］．北京：北京师范大学，1991：1.

③ 转引自：蒋冰海．全国学校美育研讨会开幕词［J］．中小学美育，2003（1）：4.

"实践证明，突破将美育局限于音乐、美术课这一狭隘范围，实施大美育，让美育融入学校教育全过程，使德智体美诸方面相互渗透、协调发展，是美育发展的方向。"[①] 但是，从总体上看，我们的美育仍然没有关注到教育自身的美，是从他处借美，关注的依然是外在借来的美，而且使美育带上了工具性色彩。在中小学教学实践中，智育挤占了学校教育的大部分空间，即人们关注于合目的性的"善"，也对科学的真倾注了大量的人力、物力。但是，对于"善"和"真"的和谐统一缺少关注。"真"与"善"的断裂表明，在我们的教育中，美育原则并没有真正确立起来。结果就是，对"真"的追求变成激烈的智力竞争，对"善"的培育简化为道德说教。北京师范大学教育学院的檀传宝教授曾提出过"教育的第三标准"的观点，他指出，迄今为止，以往的教育学往往关注的是"善"和"真"的标准，而对审美标准却缺乏起码的关注。因此，他一再呼吁要尽快真正建立起教育的"美"的标准。这种"美"的标准不同于"善"的标准，也不同于"真"的标准，所以可称为"教育的第三标准"。在檀传宝看来，所谓"善"的标准，就是教育学所十分关注的教育活动的"合目的性"问题，即要搞清楚什么是好的教育，教育怎样为个体幸福和社会发展服务等，这些是教育界普遍关心的重要课题。所谓"真"的标准，就是教育学所研究的教育活动中的"合规律性"问题，即要寻求具有普遍真理性和共识性的"教育规律"，掌握教育学的"科学知识"。从历史发展的角度来看，教育研究中的这种"科学化""实证化"的趋势越来越明显。当然，人们也逐渐认识到，人文科学的"真"与"自然科学"的"真"未必是等同的。檀传宝认为，求真和求善都是人类为了生存发展而进行的必要活动，它们本身是没有错的，错的是人们忽略了真与善的结合——"合规律性和合目的性的统一"所形成的和谐的状态，这才是人类最大的悲哀

① 周浩波．让美育成为基础教育工作的新亮点［J］．中小学美育，2003（2）：4.

和错误。[①] 如果我们对教育的认识还没有关注到美的标准，我们的教育理论的研究中没有美的标准的一席之地，美的标准就不可能在我们的教学实践中建立起来。而在二百多年前卢梭的教育著作《爱弥儿》中，教育的美的标准早已存在。我们不难看到，卢梭的美育思想真正体现着真与善、合规律性与合目的性的统一，通过审美感受、审美兴趣和审美情境，认知（真）僵硬的抽象性被化解了，意欲（善）急切的功利性被遏制了，一种自由和谐的人性由此得到了维护。因此，卢梭的美育思想遗产中有着丰富的宝藏等待我们去挖掘，它将为中国教育提供宝贵的经验指导。

三、可能的路径

教育很像农业，农业是人与自然合作，教育也是与人的自然天性合作。农民种庄稼，是按照种子的自然生长规律进行施肥浇水，不违天时，不夺物性。这种合作处于和谐状态时，农业就可能会丰产；如果不和谐，很有可能颗粒无收。揠苗助长的故事之所以令人发笑，就在于故事中的主人公突发奇想，妄想打乱禾苗生长的自然规律，让禾苗迅速蹿高，结果使禾苗夭折了。每个人来到世界上，就像一粒种子撒在土壤里，人的成长与庄稼的生长是类似的，都有成长的周期和规律。卢梭曾说我们每个人都要接受三种教育："我们或是受之于自然，或是受之于人，或是受之于事物。我们的才能和器官的内在发展，是自然的教育；别人教我们如何利用这种教育，是人的教育；我们从影响我们的事物获得良好的经验是事物的教育。"[②] 在这三项教育中，"自然的教育"是无法控制的，"事物的教育"是很难控制的，只有"人的教育"是可以控制的，所以"人的教育"要

---

① 参见：檀传宝的《浪漫：自由与责任——我迄今为止的教育学术旅程》，第3-4页。本文为作者2010年春为北京师范大学教育学博士课程"教育基本理论前沿"的演讲记录，录音整理者为梁明月博士。

② 卢梭．爱弥儿（上）[M]．李平沤，译．北京：商务印书馆，2007：7.

尽可能地配合其他两种教育。人们不能控制自然的天性，只能顺应配合天性的自然发展。“我们每一个人都是由三种教师培养起来的。一个学生，如果在他身上这三种教师的不同教育互相冲突的话，他所受的教育就不好，而且永远不合他本人的心意；一个学生，如果在他身上这三种不同的教育是一致的，都趋向同样的目的，他就会自己达到他的目标，而且生活得很有意义。这样的学生，才是受到良好的教育。”① 后人之所以称卢梭的教育为自然的教育，原因之一是卢梭主张后天的教育要与人的自然天性相配合。

2010 年，92 岁的日本著名教育家大田尧在清华大学作报告时，讲过一个农民种苹果的例子：有一位农民朋友拿了一个苹果，用刀切开，指着苹果核中的种子说，每颗种子都有自己的设计图，接着他说他的工作就是培土、施肥、浇水，让种子按照自己的设计图，长成一个优质苹果。而且他只施有机肥料，不施无机肥料，也不用农药和杀虫剂，完全让种子自由发芽、成长。虽然这样做要付出更多的汗水和心血，也不符合市场经济的规律，但是这样长出的苹果又香又甜。如果施加无机肥，虽然苹果长得又快又大，却不是原来种子设计的那样，那么就不可能又香又甜。②

其实，我们的天性中都有一幅类似大田尧先生所说的“自己的设计图”，即卢梭所说的每个人都有一个自己的“原型”。“人人自身之中都携有唯一的真正的原型；然而，却几乎无人有幸能发现它，并将它外面人为的包装，那人们按照惯例任意加上的装饰剥去。”③ 如果我们没有“每个孩子本应是独特的”这种观念，还是按照工业化批量生产的培养模式，我们就培养不出“又香又甜”的苹果，培养不出真正拥有自己独特个性的人，只能培养出一些工具化、模式化的人。

---

① 卢梭．爱弥儿（上）［M］．李平沤，译．北京：商务印书馆，2007：7.

② 转引自：郭永福．别让孩子累倒在起跑线上［J］．中国教育学刊，2011（7）：卷首语．

③ 恩斯特·卡西勒，彼得·盖伊．卢梭问题［M］．王春华，译．南京：译林出版社，2009：45.

回归教育的自然，除了顺其自然，尊重教育规律的含义，还有一层意思是让教育回归到自然人性的立场，实际上也就是要以美育来统摄教育，使其承担起塑造美好人性的历史使命。对于卢梭来说，美好的人性是对自然的回归。这里所谓的回归自然，并不是要远离尘嚣，黜聪弃智，拒绝现代文明，回到茹毛饮血的原始时期，就像当年伏尔泰讥讽卢梭要让人类倒退到“四足爬行”的自然状态一样，这其实是对“自然主义”的误解。卢梭所追求的自然不是原始人性的自然，而是一种更高层面的社会意义上的自然。这种“自然主义”不是对现代性的反动，而是在试图矫正现代性展开过程中理性偏枯的弊病的前提下，继续强力地推进现代性的发展。从教育学的角度来说，自然的教育的目标就是克服异化，向着自由全面的人性的复归。在这个意义上，“自然主义”与“人道主义”是一致的。马克思在展望未来的理想社会时曾说：“这种共产主义，作为完成了的自然主义，等于人道主义，而作为完成了的人道主义，等于自然主义，它是人和自然界之间、人和人之间矛盾的真正解决，是存在和本质、对象化和自我确证、自由和必然、人体和类之间的斗争的真正解决。”① 马克思所说的这样一个理想的自由王国在现实中还不存在，但它可以在审美中存在，因此，美育在人类走向未来的历史进程中就具有了无可替代的重要地位。

进入20世纪90年代之后，在市场化浪潮的冲击下，在高等教育领域，办学方针以就业为导向，大学教育成为职业教育和生存技能教育的同义词，而以人文精神为核心的博雅教育则被很大程度上忽视。2007年暑假，钱理群在一个大学通识教育的师资培训班上，介绍自己所开设的鲁迅研究课的经验和体会时，在座的一位大学教师竟要求他说明鲁迅研究课对于促进学生今后就业的作用，使他在吃惊之余无言以对。这种急切的功利主义在基础教育领域的表现，就是以智力竞争为中心的应试教育。因此，回归

① 马克思，恩格斯．马克思恩格斯全集（第42卷）［M］．北京：人民出版社，1979：120.

教育的自然，也包含着人文精神的高扬，而对功利主义的超越，则体现着以合规律性与合目的性相统一的美育的原则。这也就是说，教育的进步、美育的发展都离不开启蒙现代性的历史基础，正如卢梭的美育思想是建立在深厚的启蒙思想基础上一样。

因此，回归教育的自然，也就是以美育的方式来进行教育的实践，它要求我们在具体的教育活动中，将感性与理性统一起来，将合规律性的“真”与合目的性的“善”结合起来。而在这方面我们做得还远远不够，还有很长的路要走。长期以来，我们的教育在某种程度上重视了“真”的合规律性，“善”的合目的性，但却忽略了“真”和“善”的和谐统一，从而忽略了真善和谐的美。学习的过程枯燥乏味，学生们体验不到快乐，感受不到美，只能以“学海无涯苦作舟”激励自己。我们希望“借美”提升学生的素质，例如，借助艺术教育，借助学校所开设的音乐、美术艺术等课程培养学生的审美能力。这是狭义的美育，除此之外我们更应该反思我们教育本身存在的问题，也就是说，要以广义的美育即大美育的观点来审视我们的教育。和谐发展的人格要依靠和谐统一的教育。卢梭培养爱弥儿，希望他实现人格上的健全与和谐、独立与自由。为此他在爱弥儿成长的每个阶段所实施的教育都是依照其自身的生长规律，使“三种教育”和谐地发展，即注重合规律性与合目的性的统一，注重感性与理性的统一，始终让孩子在自由快乐的氛围中成长。例如，儿童时期培养孩子感性的认识，锻炼感官的敏锐，既尊重学生身心发展的规律，又结合学生当下的需要，调动学生自身的兴趣进行自主探索，让他们感到学习知识、探求知识的快乐和自由。而现实中，现在教育中的问题是在很大程度上破坏了这种和谐。教育按照行政的意志、市场的导向进行，一律用分数说话；家长按照自己的意愿设计孩子的成长，按照自己的理想规划孩子的未来，没有俯下身来问问孩子，尊重孩子的意愿，尊重他的内在需求和他自然性的发展规律。学生之所以生活得不快乐，在很大程度上是因为这种生活不是他们自己想要的生活，而是家长和老师们所希望的生活。

另外，校园人文环境的建设也是美育非常重要的因素。营造一个良好的校园环境对学生的成长十分重要。卢梭当年为了把爱弥儿培养成人，带着爱弥儿离开巴黎来到乡村，以自然为界，为爱弥儿营造出一方纯净的乐土。这样一方纯净的乐土，为爱弥儿挡住了外界的喧嚣和污染，有利于把爱弥儿培养成其“应是”的人。我们现在已无法找到卢梭当年那种与世隔绝的自然环境，信息时代的互联网早已经无孔不入，现代文明早已无处不在地打上自己的烙印。但是卢梭重视环境作用的观点在今天依然不过时，环境对人的潜移默化的力量更是不可忽略。其实也不只有卢梭发现了环境在教育中的重要性，在我国，孟母三迁的故事自古流传，早已成为妇孺皆知的佳话。但是，校园环境的营造、学校社区的美化在我国的确还没有得到应有的重视。学校如何形成一个富有凝聚力、感染力的文化理念，并将这一理念融入学校环境的美化中，流动在学校自己的网站里，回响在校园的广播中，渗透在师生之间、学生之间的互动中，如何在学生的心中营建起一个无形的篱笆，将纯净的校园和五光十色的社会隔离，如何在社会对学校的期望和学校自身的育人规律之间找到一个平衡点，都是需要探讨的课题。

参考文献

[1] 卢梭. 社会契约论 [M]. 何兆武，译. 北京：商务印书馆，2008.

[2] 卢梭. 一个孤独者的散步者的梦 [M]. 李平沤，译. 北京：商务印书馆，2008.

[3] 卢梭. 论人类不平等的起源和基础 [M]. 李平沤，译. 北京：商务印书馆，2007.

[4] 卢梭. 论戏剧 [M]. 王子野，译. 北京：生活·读书·新知三联书店，2007.

[5] 卢梭. 卢梭评判让-雅克对话录 [M]. 袁树仁，译. 上海：上海人民出版社，2007.

[6] 卢梭. 论语言的起源 [M]. 洪涛，译. 上海：上海人民出版社，2003.

[7] 卢梭. 新爱落洛漪丝 [M]. 伊信，译. 北京：商务印书馆，2002.

[8] 卢梭. 忏悔录（全二册）[M]. 黎星，译. 北京：人民文学出版社，1997.

[9] 卢梭. 卢梭自选书信集 [M]. 刘阳，译. 南京：译林出版社，1997.

[10] 卢梭. 卢梭散文选 [M]. 李平沤，译. 天津：百花文艺出版社，

1995.

［11］卢梭．漫步遐想录［M］．徐继曾，译．北京：人民文学出版社，1986.

［12］卢梭．爱弥儿［M］．李平沤，译．北京：商务印书馆，1978.

［13］卢梭．论科学与艺术［M］．何兆武，译．北京：商务印书馆，1959.

［14］普拉特纳．卢梭的自然状态［M］．尚新建，等译．北京：华夏出版社，2008.

［15］李平沤．如歌的教育历程：卢梭《爱弥儿》如是说［M］．济南：山东人民出版社，2008.

［16］李瑜青．卢梭经典文存［M］．上海：上海人民出版社，2007.

［17］吉尔丁．设计论证：卢梭的“社会契约论”［M］．尚新建，等译．北京：华夏出版社，2006.

［18］安塞尔-皮尔逊．尼采反卢梭［M］．宗成河，等译．北京：华夏出版社，2005.

［19］卡希尔．卢梭·康德·歌德［M］．刘东，译．北京：生活·读书·新知三联书店，2002.

［20］肖尔茨．卢梭［M］．李中泽，等译．北京：中华书局，2002.

［21］特鲁松．卢梭传［M］．李平沤，等译．北京：商务印书馆，1998.

［22］德拉-奥尔佩．卢梭和马克思［M］．赵培杰，译．重庆：重庆出版社，1993.

［23］罗兰．卢梭生平和著作［M］．王子野，译．北京：生活·读书·新知三联书店，1993.

［24］韦渥．世界名人小传丛书［M］．裘奇，译．北京：新华出版社，1988.

[25] 阿斯穆斯．卢梭（纪念卢梭二百五十周年诞辰）[M]．梅溪，译．北京：商务印书馆，1963.

[26] 柏拉图．柏拉图文艺对话录 [M]．朱光潜，译．合肥：安徽教育出版社，2007.

[27] 爱弥儿·涂尔干．教育思想的演进 [M]．李康，译．上海：上海人民出版社，2006.

[28] 比尔斯利．西方美学简史 [M]．高建平，译．北京：北京大学出版社，2006.

[29] 杜威．艺术即经验 [M]．高建平，译．北京：商务印书馆，2005.

[30] 刘小枫，陈少明．经典与解释 6：卢梭的苏格拉底主义 [M]．北京：华夏出版社，2005.

[31] 柏拉图．柏拉图全集（第二卷）[M]．王晓朝，译．北京：人民出版社，2003.

[32] 康德．判断力批判 [M]．邓晓芒，译．北京：人民出版社，2002.

[33] 康德．论优美感和崇高感 [M]．何兆武，译．北京：商务印书馆，2001.

[34] 鲍桑葵．美学史 [M]．张今，译．南宁：广西师范大学出版社，2001.

[35] 小原国芳．小原国芳论著选 [M]．尤其民，等，译．北京：人民教育出版社，1993.

[36] 沃尔夫．十八世纪科学、技术和哲学史 [M]．北京：商务印书馆，1991.

[37] 杜威．民主主义与教育 [M]．王承绪，译．北京：人民教育出版社，1990.

[38] 席勒．美育书简 [M]．徐恒醇，译．北京：中国文联出版公司，1984.

[39] 古留加．康德传 [M]．贾泽林，等译．北京：商务印书馆，1981.

[40] 威尔·杜兰．卢梭与大革命 [M]．台北：幼师文化公司，1978.

[41] 梯利．西方哲学史 [M]．葛利，译．北京：商务印书馆，1975.

[42] 宗白华．意境 [M]．北京：北京大学出版社，1999.

[43] 李泽厚．美的历程 [M]．天津：天津社会科学出版社，2001.

[44] 叶朗．中国美学史大纲 [M]．上海：上海人民出版社，1985.

[45] 朱光潜．西方美学史 [M]．北京：人民出版社，1979.

[46] 林玉体．西方教育思想史 [M]．北京：九州出版社，2006.

[47] 戴本博．外国教育史（三卷本）[M]．北京：人民出版社，1989.

[48] 曾繁仁．现代美育理论 [M]．郑州：河南人民出版社，2006.

[49] 檀传宝．德育美学观 [M]．太原：山西教育出版社，1996.

[50] 陈建翔．有一种美，叫教育 [M]．成都：四川教育出版社，2006.

[51] 檀传宝．美善相谐的教育 [M]．哈尔滨：黑龙江教育出版社，2003.

[52] 檀传宝．信仰教育与道德教育 [M]．北京：教育科学出版社，1999.

[53] 檀传宝．学校德育教育原理 [M]．北京：教育科学出版社，2000.

[54] 赵义良．论卢梭实现的教育范式转换及其意义 [D]．北京：清华大学，2006.

[55] 黄群．卢梭的面具：《卢梭致达朗贝先生的信》[D]．北京：中国人民大学，2007.

[56] 李妍妍．卢梭美学思想［D］．杭州：浙江大学，2007.

[57] 吴东胜．从历史传统的现代转型看当代美育的使命［D］．广州：暨南大学，2004.

[58] 于文杰．中国美育现代性研究［D］．南京：南京大学，2004.

[59] 刘彦顺．论新时期美育学的学术进程［D］．济南：山东大学，2004.

[60] 殷波．中国现代艺术教育思想研究［D］．济南：山东大学，2007.

[61] 陈建翔．美育是教育的一种境界［D］．北京：北京师范大学，1991.

[62] 朱学勤．从卢梭到罗柏斯庇尔：道德理想国的覆灭［D］．上海：复旦大学，1992.

[63] 袁贺．论卢梭的公民观：兼论晚清中国现代性的兴起［D］．北京：中国人民大学，2004.

[64] 张正江．中华人民共和国美育的命运［D］．上海：华东师范大学，2006.

[65] 庄琬婷．卢梭自然概念之教育蕴义［D］．台北：台湾师范大学，2004.

[66] 孙雪娇．卢梭儿童美育思想探析［D］．沈阳：辽宁大学，2005.

[67] 黄玉茹．卢梭的自然主义美学及其美育意涵［D］．彰化：台湾彰化师范大学，2010.

[68] 吴宗彦．卢梭政治思想的两面性：理性与情感［D］．台北：台湾政治大学，2010.

[69] 王振军．卢梭的美育思想及其当代意义［D］．济南：山东师范大学，2007.

［70］冯向东．不确定视野下的教育与教育研究［J］．北京大学教育评论，2008（7）．

［71］蒋凯．比较教育研究方法的相关问题分析［J］．教育研究，2007（4）：35-40．

［72］邹华．大自然如此陈列：卢梭作品中的自然美［J］．西北师大学报，2006（1）：8-12．

［73］邹华．卢梭美育思想要点及现实意义［J］．中国教育学刊．2004（11）：15-18．

［74］谭好哲．中国现代美育的历史进程与目标取向［J］．山东社会科学，2007（1）：22-32．

［75］杜卫．中国现代美育理论的本土意义与历史局限［J］．学习与探索，2004（1）：45-48．

［76］陈建翔，马利文，王健．现代美育与生命节奏［J］．教育理论与实践，2003（11）：12-14．

［77］杨宝玉．卢梭美育思想的现代价值［J］．双语学习，2007（7）：167．

［78］金生鈜．道德理想国与自然主义教育的终结：卢梭的教育乌托邦的虚幻［J］．西北师大学报，2001（7）：32-37．

［79］何中华．重读卢梭三题［J］．山东大学学报，1999（2）：56-62．

［80］王岳川．后现代主义文化与美学［J］．中国音乐，1994（3）．

［81］徐一多．论卢梭教育思想的矛盾性［J］．四川大学学报，1993（1）：103-110．

［82］魏善春，崔新伟．从“知识人”到“素质人”：论基础教育培养目标的价值定位［J］．当代教育科学，2011（22）：3-6．

［83］金生鈜．以教育为志业：教育家的精神实质［J］．中国教育学

刊，2011（7）：1-6.

［84］张旺．影响素质教育推进的五个问题［J］．中国教育学刊，2011（1）：12-15.

［85］张绪培．从教育本原出发增强教与学的动力：在第三届中国中学校长大会上的专题报告［J］．中国教育学刊，2011（1）：9-11.

［86］徐明聪．陶行知创造教育思想及其时代意义［J］．中国教育学刊，2011（11）：80-83.

［87］程亮．什么是受过教育的人?：彼得斯的观点及其批评［J］．教育学报，2012（12）：44-51.

［88］胡红丽．探寻国学教育与现代教育的契合点［J］．中国教育学刊，2011（11）：12-15.

［89］顾明远．个性化教育与人才培养模式创新［J］．中国教育学刊，2011（10）：5-8.

［90］曹衍清．新时期健全人格教育模式建构与实施［J］．中国教育学刊，2011（5）：85-87.

［91］杨慧娟，等．中国基础教育在改革、继承与自信中前进［J］．中国教育学刊，2011（11）：9-12.

［92］唐斌，朱永新，杜威．“教育即生活”本真意义及当代启示［J］．中国教育学刊，2011（10）：84-87.

［93］胡定容．警惕国学经典教育的五种误区［J］．中国教育学刊，2011（11）：16-19.

［94］刘斌．在体制改革中寻求学生生动发展的出路［J］．中国教育学刊，2011（10）：3-4.

［95］TISHMAN S. Why teach habits of mind［M］. Alexandria: Association for Supervision and Curriculum Development Press, 2000.

［96］COSTA A L. Describing the habits of mind［M］. Alexandria:

Association for Supervision and Curriculum Development Press, 2000.

[97] PERKINS D N, JAY E, TISHMAN S. Beyond abilities: a dispositional of thinking [J]. The merrill-palmer quarterly, 1993, 39 (1).

[98] LOWENFELD V, BRITTAIN W L. Creative and mental growth [M]. 5th. London: The Macmillan Company, Collier-Macmillan Company Limited Press, 1964.